4.50

Norman P. Grubb

W0077876

Karl T. Studd -
Glaube im Angriff

BRUNNEN-VERLAG GMBH · GIESSEN/BASEL

„Zeugen des gegenwärtigen Gottes" Nr. 204

Lizenzausgabe der deutschsprachigen Originalausgabe:
„Karl T. Studd — ein Bote Gottes" mit Genehmigung des
Reinhardt Verlages, Basel.

Gekürzt und überarbeitet von Albert Hirzel

2. Auflage 1974

© 1969 by Brunnen-Verlag, Gießen
Printed in Germany
Druck: ELEKTRA, Niedernhausen
ISBN 3 7655 0235 9

Vorwort

In jedem Jahrhundert der Christenheit gab es Männer und Frauen, durch die Gott maßgebend ihre Zeit prägen ließ. In der Missionsgeschichte der letzten Jahrhunderte ist dies in gleicher Weise der Fall. Einer, von dem man sicherlich sagen kann, daß er *für unser Jahrhundert* den Blick der Christenheit aller Welt für ihre besondere Missionsverpflichtung geschärft hat, ist Karl T. *Studd.*

Es geht dabei seltsamerweise nicht so sehr um den jungen Studd, der als Sportgenie und reicher Pflanzerssohn den Ruf Jesu hörte, Christ wurde und sich bedingungslos Jesus Christus zur Verfügung stellte. Da hätte man allenfalls noch von einem bedeutsamen Missionsidealisten sprechen können.

Es ist der alt gewordene, reife Karl Studd, der erst in China und in Indien seine Gesundheit, sein Vermögen, seine Genialität lassen und aufgeben mußte, um — zerbrochen in der Schule Gottes — der Missionsmann zu werden, der durch seine *unbedingte Glaubenshaltung* den Anstoß zu neuen, weltweiten missionarischen Einsätzen gab. Daß Gottes Verheißungen wahr sind, wußte die Christenheit — und doch wußte sie es nicht mehr. Daß seine Kraft in der Schwachheit mächtig ist, wurde zwar gepredigt — aber der Einsatz in der offiziellen Mission sah oft ganz anders aus.

Karl Studd ist nicht nur zum Begründer des Weltweiten Evangelisations-Kreuzzuges (WEK) geworden. Durch ihn, zusammen mit Hudson Taylor, haben in diesem Jahrhundert Glaubensmissionen in aller Welt ihren entscheidenden Anstoß erhalten. Durch ihn haben manche „alten" Missionskreise und Missionsgesellschaften einen neuen Blick für die Anfangsbasis des Glaubens bekommen, von der sie einmal ausgegangen sind. Und dies, obgleich vieles heute so ganz anders geworden ist.

Lübeck   Dr. Horst Scheunemann
Vorsitzender des Weltweiten Evangelisations-Kreuzzugs
in Deutschland

Der Vater

Karl Studd war der dritte Sohn eines in der Londoner Gesellschaft sehr angesehenen Mannes, dessen überraschende Bekehrung zu einem entschiedenen Christentum im Jahre 1877 großes Aufsehen erregte. Eduard Studd war Pflanzer in Indien gewesen und hatte dort ein ungeheures Vermögen erworben. Dann war er nach England zurückgekehrt und wollte dort von den Zinsen seines Kapitals leben. Er stand in den besten Mannesjahren, hatte einen gesunden, kräftigen, abgehärteten Körper und besaß die Mittel, die ihm erlaubten, die Kosten für jede Liebhaberei zu bezahlen. Er hatte keinen bürgerlichen Beruf und verfügte daher über unbeschränkte freie Zeit. Was lag da näher, als daß er sich dem Sport zuwandte? Die Teilnahme am Sport wurde bei ihm zur Leidenschaft. Besonders liebte er das Kricketspiel und — noch mehr — das Pferderennen. In seinem Stalle standen die kostbarsten Pferde, und in manchen Rennen trug er den Sieg davon.

Natürlich spielte auch in der Erziehung der Kinder der Sport eine große Rolle. Schon als sie fünf Jahre alt waren, wurden sie in den Sattel gesetzt. Und bald nahmen sie in roten Röckchen an Fuchsjagden teil.

Als Eduard Studd auf der Höhe seines Lebens stand, lernte er einen Erweckungsprediger kennen, der damals in England sehr angesehen war und große Erfolge hatte. Er hieß Moody. Durch eine eigenartige Fügung traf Studd mit Moody zusammen. Ein Freund Studds, wie dieser früher Pflanzer und später Sportsmann, mit Namen Vincents, hatte an einer großen sportlichen Veranstaltung in Dublin teilgenommen, hatte das letzte Boot nicht mehr erreicht und nun dort übernachten müssen. Er wollte sich am Abend unterhalten und geriet aus Versehen — er glaubte, er habe ein Varieté vor sich — in eine Erweckungsversammlung. Der Redner Moody packte ihn so, daß er beschloß, länger zu bleiben und auch alle folgenden Vorträge zu hören. Am Ende der Vortragsreihe war er gewonnen. Er stellte sein Leben unter die Führung und in den Dienst des Herrn.

Als einige Zeit darauf Moody nach London kam, lud dieser Freund Studd ein, ihn in seine Versammlung zu begleiten. Studd wehrte sich entrüstet gegen die Zumutung. Aber zuletzt gab er dem Drängen Vincents nach. Und es erging ihm ebenso, wie es jenem in Dublin ergangen war. Nach der ersten Versammlung sagte er: „Ich werde wiederkommen und diesen Mann noch einmal hören. Er hat mir alles gesagt, was ich in meinem Leben getan habe." Studd hielt Wort, er kam wieder, und auch für ihn bedeutete der Besuch von Moodys Vorträgen die große Wendung in seinem Leben.

Über diese Umwandlung schreibt später einer seiner Söhne: „Am Nachmittag jenes Tages" — gemeint ist offenbar der Tag der Bekehrung — „war Vaters Geist und Sinn noch ganz erfüllt von der Leidenschaft für den Rennsport. Am Abend war er wie verwandelt. Es war ihm klar, daß er nicht mehr dasselbe Leben führen konnte wie bisher. Das sagte ihm sein Gewissen. Er beschloß, zu Moody zu gehen und ihn um seinen Rat zu bitten. Er sagte zu ihm: ‚Ich möchte ein offenes Wort mit Ihnen reden: Da ich nun Christ geworden bin, muß ich da Rennen, Jagen, Theater und Bälle aufgeben?' — ‚Nun', antwortete Moody, ‚Sie waren offen zu mir. Ich will ebenso offen zu Ihnen sein: Rennen bedeutet Wetten, Wetten bedeutet Spielen. Ich sehe keine Möglichkeit, wie ein Spieler ein Christ sein kann.' Vater fragte weiter nach Theater und Kartenspiel. Moody antwortete: ‚Herr Studd, Sie haben Kinder. Sie haben auch sonst Menschen, die Sie liebhaben. Sie selbst wissen nun, daß Sie gerettet sind. Da wird es Ihnen ganz gewiß am Herzen liegen, auch die gerettet zu sehen, die Ihnen nahestehen. Gott wird Sie die Freude erleben lassen, daß Sie einige dieser Menschen gewinnen. Sobald Sie auch nur eine Menschenseele gewonnen haben, werden Sie sich ganz von selber um all diese andern Dinge gar nicht mehr kümmern.' Und so geschah es.

Zum größten Erstaunen seiner Kinder und seiner Bekannten kümmerte er sich wirklich nicht mehr darum. Die einzige Sorge, die ihn noch beschäftigte, war die, wie er Menschenseelen für Gott gewinnen könnte. Er erschien nicht mehr auf der Rennbahn. Er schenkte jedem seiner älteren Söhne ein edles Rennpferd; die übrigen verkaufte er. Dann räumte er die große Diele seines Hauses aus, ließ sie mit Sitzplätzen und Bänken ausstatten und schuf so einen Raum, wo das Evangelium gepredigt werden konnte. Dann ritt er im Lande umher und lud die Leute ein zu kommen, und sie kamen zu Hunderten."

Nach seiner Bekehrung lebte Eduard Studd nur noch zwei Jahre. Merkwürdig war auch die Ursache seines Todes. Er war auf dem Wege zu einer Versammlung Moodys. Da fiel ihm ein, daß er vergessen hatte, einen seiner Stallknechte zu dieser Versammlung mitzunehmen. Er ließ den Wagen halten, sprang ab und rief den andern zu, sie möchten weiterfahren. Es war schon spät. Darum lief er den ganzen Weg zurück. Dabei platzte eine Ader an seinem Bein. Davon erholte er sich nicht wieder.

Nur zwei Jahre war er Christ gewesen. Aber der Geistliche konnte in seiner Begräbnisrede sagen: „Er tat in zwei Jahren mehr als die meisten Christen sonst in zwanzig Jahren."

Die Bekehrung Karl Studds und seiner Brüder

Die ältesten Söhne Eduard Studds wurden in Eton erzogen. Sie wußten noch nicht, welche Änderung sich in der Gesinnung und Lebensweise ihres Vaters vollzogen hatte. Da erhielten sie eines Tages mitten im Semester eine Einladung, zu ihrem Vater nach London zu kommen. Sie glaubten, er wolle sie ins Theater oder zu irgendeinem Vergnügen mitnehmen. Deshalb bekamen sie einen nicht geringen Schrecken, als sie hörten, daß sie einen „frommen Rummel" mitmachen sollten. Der Vater ging mit ihnen zu einer Predigt Moodys.

Ihr Verhältnis zur Religion war bis dahin ganz äußerlich gewesen. Karl Studd schreibt später darüber: „Religion war vorher für uns eine Sonntagsangelegenheit. Wie man den Sonntagsanzug am Montag bis zum nächsten Sonntag weghängt, so wurde alles, woran uns der Sonntag erinnerte, in der Woche beiseite gelegt. Wir gingen jeden Sonntag zur Kirche. Daran waren wir durch unsere Erziehung gewöhnt. Aber das, was wir Religion nannten, war gar nichts wert. Mit dem Besuch des Gottesdienstes ging es uns so wie einem Mann, der Zahnschmerzen hat. Da geht man ja zum Zahnarzt; aber man ist froh, wenn man wieder draußen ist. Wir waren mißmutig, wenn der Sonntag kam, und atmeten auf, wenn es wieder Montag wurde. Der Sonntag war für uns der stumpfsinnigste Tag der ganzen Woche. Das lag daran, daß wir gar nicht wußten, was Religion ist. Dann hatten wir plötzlich das Glück, einen wirklichen Christen kennenzulernen. Und dieser Christ war unser eigener Vater. Aber wir waren weit davon entfernt, dies als Glück zu empfinden. Die Haare standen uns dabei zu Berge; wir glaubten, ein Hundeleben zu führen — bis wir bekehrt waren. Mir selbst war in dieser Zeit höchst unbehaglich zumute. Jeden Abend kam Vater in meine Schlafkammer und fragte mich, ob ich bekehrt sei. Schließlich stellte ich mich schlafend, sobald er die Tür öffnete, und wenn ich ihn tagsüber kommen sah, schlich ich mich auf die andere Seite.

So verging ein Jahr. Die Jungen waren in den Sommerferien zu Hause. Viele Kricketspiele wurden veranstaltet. Wie gewöhnlich hatte der Vater zum Wochenende Gäste im Hause, die am Sonntag in den Versammlungen sprechen sollten. Einmal waren zwei Gäste da. Der eine verstand sich recht gut mit den Jungen, den andern mochten sie nicht. Sie hielten ihn für einen Waschlappen. Er hatte gesagt, er könne reiten. Aber sie glaubten ihm nicht und planten auf Grund dieser Annahme, ihm einen Schabernack zu spielen. Am Samstagmorgen luden sie ihn zu einem Ausritt ein. Auch der Vater war dabei. Die drei Jungen ritten hinten, spornten aber plötzlich ihre Pferde an und sprengten in gestrecktem Galopp an den beiden andern vorbei. Natürlich waren deren Pferde nicht zu halten. Der Gast konnte sich im Sattel halten — etwas besser, als die Jungen ihm zugetraut hatten; aber er erschrak doch gewaltig. Dieses Spiel wiederholten die Jungen mehrmals. Der Vater konnte nichts dagegen machen, denn er selbst konnte sich das Lachen nicht verbeißen.

Aber am Nachmittag dieses Tages lernten sie den Gast von einer andern Seite kennen. Er wußte es so einzurichten, daß er mit jedem von ihnen ein vertrauliches Gespräch hatte. Dabei stellte er zuerst fest, welche religiöse Erkenntnis sie bereits hatten. Dann machte er ihnen ganz schlicht, aber eindringlich klar, welche weitere Erkenntnis und welche Haltung im Leben daraus folge. Inkonsequent wollten die jungen Menschen nicht sein. So ließen sie sich zu dem Entschluß führen, Ernst zu machen und im Denken und Leben einheitlich zu werden. Karl Studd berichtet später selbst ausführlich über diese Unterredung. Am Schluß seines Berichts heißt es: „Er fragte mich: ,Weißt du nicht, daß das ewige Leben eine Gabe ist? Wenn dir jemand etwas zu Weihnachten schenkt, was tust du dann?' Ich antwortete: ,Ich nehme das Geschenk an und sage: Danke schön.' Darauf er: ,Willst du denn nicht Gott für seine Gabe danken?' Da fiel ich auf meine Knie nieder und dankte meinem Gott. Darauf kehrten Friede und Freude in mein Herz ein. Ich begann zu verstehen, was es heißt, wiedergeboren zu werden. Die Bibel, die vorher für mich so trocken gewesen war, bedeutete von nun an alles für mich."

Die Brüder sprachen über das, was sie erlebt hatten, weder untereinander, noch sagten sie ihrem Vater etwas davon. Erst als sie nach Eton zurückgekehrt waren, schrieben sie, jeder für sich, ohne den andern etwas davon zu sagen, an ihren Vater und teilten ihm mit, was mit ihnen geschehen war. Wenige Tage darauf, als sie in ihrem Zimmer zusammen beim Frühstück saßen, erhielten sie einen Brief des Vaters, der an alle drei gerichtet war und in dem er ihnen seine große Freude darüber aussprach, daß auch sie in dieser wichtigsten Frage des Lebens eines Sinnes mit ihm geworden seien. Erst aus diesem Brief erfuhren sie, daß sie alle drei an demselben Samstagnachmittag die entscheidende Stunde erlebt hatten. Da wurde ihnen klar, daß der Mann, über dessen Reitkunst sie sich lustig gemacht hatten, ein Meister jener Kunst war, die Jesus seinen Jüngern auftrug, als er sagte: „Ich will euch zu Menschenfischern machen."

Wanken und neue Festigkeit

Karl Studd war ein großer Kricketspieler. Schon als Knabe hatte er dieses Spiel mit der ganzen Beharrlichkeit seines Wesens betrieben. Die Erfolge blieben nicht aus. Bereits im Jahre 1879, in seinem siebzehnten Lebensjahr, wurde er in einem Bericht über das Eton-Harrow-Spiel lobend erwähnt: „Unzweifelhaft der beste Kricketspieler war der Eton-Mannschaftsführer Karl Studd. Er wird sich einst noch einen großen Namen machen."

Diese Prophezeiung ging in Erfüllung. In der Cambridgemannschaft zeichnete sich Studd hervorragend aus. Besonders glänzend waren seine Leistungen in den Kämpfen gegen die australische Mannschaft, die bis dahin im Kricketspiel für unüberwindlich gegolten hatte. Er hatte einen Erfolg nach dem andern. Die ganze Sportwelt war für ihn begeistert. Überall wurde er als der beste Kricketspieler gefeiert.

Studd hat später nie bedauert, daß er Kricket gespielt hat. Nur daß er es mit einer solchen Leidenschaft getan hatte, daß das Spiel sein Götze wurde, das bedauerte er.

Der Sport hat ihn Mut, Selbstverleugnung und Ausdauer gelehrt. Und das waren Eigenschaften, die er später im Dienst Christi brauchen konnte. Der Mann, der damals alle seine Kräfte aufbot, um ein Meister im Kricket zu werden, setzte später alles daran, Christi Herrlichkeit zu verkündigen und sein Reich auf Erden auszubreiten.

Aber noch war es nicht soweit. Der einzige der drei, der nie wankend wurde im Entschluß zu einem neuen Leben, war der ältere Bruder. Bei Karl Studd war es anders. Er selbst schreibt darüber:

„Nun hätte ich hingehen und auch den andern die Botschaft von der Liebe Christi bringen sollen. Aber ich dachte nur an mich selbst und behielt die neue Erkenntnis, die mir geschenkt war, für mich. Da begann meine Liebe zu erkalten, und die Liebe zur Welt zog wieder in mein Herz ein. Sechs Jahre verbrachte ich in diesem unseligen Zustand der Untreue."

Dann kam die zweite große Wendung. Sein jüngerer Bruder, den er besonders liebte, wurde todkrank. Karl saß dauernd an seinem Bette. Als er nun sah, wie der Bruder zwischen Tod und Leben schwebte, kamen ihm heilsame, ernste Gedanken. „Was bedeutet nun", so dachte er, „alle Popularität der Welt für meinen Bruder? Welchen Wert hat jetzt aller Ruhm und alle Bewunderung für ihn? Was nützt es dem Menschen, daß er alle Schätze der Welt besitzt, wenn er der Ewigkeit entgegengeht?" Und eine Stimme in seinem Innern antwortete ihm: „Es ist alles ganz eitel!"

„Alle diese Dinge", so berichtet Karl Studd weiter, „waren für meinen Bruder zunichte geworden. Nur nach einem hatte er Verlangen, nach dem Herrn Jesus Christus und nach der Heiligen Schrift. Da schenkte mir Gott, daß auch ich das eine erkannte, was not ist. In seiner Liebe und Güte gab er meinem Bruder die Gesundheit wieder. Sobald ich abkommen konnte, besuchte ich wieder die Predigten Moodys. Dort begegnete mir der Herr selber noch einmal. Er ließ es mich erfahren, wie köstlich es ist, von ihm gerettet zu werden. Ja, er tat noch mehr an mir. Er berief mich dazu, für ihn zu arbeiten. Ich begann meine Arbeit bei meinen Freunden. Ich bat sie, mit mir das Evangelium zu lesen, und sprach mit ihnen in persönlichem vertraulichem Gespräch über das Heil ihrer Seelen.

Ich kann gar nicht sagen, welche Freude es für mich war, als ich dem Herrn Christus die erste Seele zuführen durfte. Ich habe alle Freuden gekostet, die die Welt bieten kann. Ich kann wohl sagen: Es gibt keine, die ich nicht kennengelernt hätte. Aber ich versichere euch: Alle diese weltlichen Freuden sind gar nichts gegenüber der Freude, die ich empfand, als diese eine Seele gerettet war.

Als die Spielzeit begann, begab ich mich wieder auf den Kricketplatz. Aber ich kam als ein anderer Mensch dorthin zurück. Früher war ich so begeistert für den Kricketsport gewesen, wie nur jemand sein kann. Jetzt vergaß ich auch auf dem Sportplatz nicht, wozu mich der Herr berufen hatte. Mein Herz hing jetzt nicht mehr an dem Spiel. Ich kannte ja etwas unvergleichlich viel Besseres. Es war mir klargeworden: Das Kricket wird vergehen. Die Ehre wird vergehen. Alles, was von dieser Welt ist, wird vergehen. Es lohnt sich nur, für die zukünftige Welt zu leben."

Er arbeitete mit unablässigem Eifer unter seinen Sportkameraden. Und viele bekannte und tüchtige Menschen haben später bezeugt, daß sie in dieser Zeit durch Karl Studd unvergeßliche und für ihr Leben entscheidende Eindrücke erhalten haben.

Über Studd selbst aber kam noch einmal eine Zeit der inneren Unruhe, als er darüber nachdachte, wie sich nun sein künftiges Leben gestalten sollte. Er wollte Gott allein dienen und betete zu ihm, er solle ihm den Weg zeigen, den er zu gehen habe. „Aber", berichtet Studd, „da machte ich einen Fehler. Statt allein darauf zu vertrauen, daß Gott mich leiten werde, begab ich mich zu meinen Freunden. Ich versuchte, mit dem menschlichen Verstand die Führung Gottes zu ergründen. So aber kam ich zu keiner Klarheit, sondern geriet nur in tieferes Dunkel. Unruhe und Angst kamen über mich. Meine Gesundheit ließ nach. Ich mußte aufs Land gehen, um mich zu erholen.

Nachdem ich drei Monate lang in meiner Bibel gelesen und Gott gebeten hatte, mir den Weg zu zeigen, kam ich zurück. Es ging mir viel besser. Aber was ich tun sollte, wußte ich noch immer nicht."

Eins war ihm klar: Er konnte keinen „Beruf" im gewöhnlichen Sinne des Wortes ergreifen; er konnte sich nicht zu einer Arbeit entschließen, die ihm wirtschaftlichen Gewinn versprach. Das erlaubte ihm sein Gewissen nicht; es schien ihm geradezu widersinnig. Gott hatte ihm viel mehr gegeben, als er für sein Leben nötig hatte. Wie sollte er da die besten Jahre seines Lebens drangeben, um für sich selbst, für die Ehren und Freuden dieser Welt zu arbeiten, während jeden Tag tausend und aber tausend Seelen verdarben, die noch nie von Christus gehört hatten!

In dieser Zeit fiel ihm die Schrift eines Atheisten in die Hände. Da las er: „Wenn ich fest daran glaubte, woran angeblich Millionen glauben, daß unser Schicksal im künftigen Leben abhängig sei von der Religion, die wir in diesem Leben gehabt und durch die Tat bewährt haben, dann würde Religion mir schlechterdings alles bedeuten. Dann wären irdische Freuden Unrat, irdische Sorgen Torheit, irdische Gedanken und Gefühle Eitelkeit. Ich würde das alles von mir werfen. Religion wäre mein erster Gedanke beim Erwachen, mit religiösen Vorstellungen sollte mein Geist beschäftigt sein bis zu dem Augenblick, wo der Schlaf das Bewußtsein versenkt. Nur für die Religion würde ich arbeiten. Auf die Ewigkeit allein würde ich alle meine Gedanken richten. Wenn ich eine Seele für das ewige Leben gewinnen könnte, so würde ich das für einen Gewinn erachten, der an Wert alle Leiden dieser Zeit aufwöge. Der Gedanke daran, welche irdischen Folgen mein Reden oder Tun haben könnte, sollte mir niemals die Hand lähmen oder den Mund verschließen. Die Erde mit ihrer Freude und ihrem Gram sollte keinen

Augenblick mehr meine Seele beschäftigen. Ich würde mich bemühen, nur auf die Ewigkeit zu schauen und auf die unsterblichen Seelen um mich, die nun bald für immer selig oder für immer verloren sein würden. Ich würde in die Welt hinausgehen und würde ihr predigen zur Zeit und zur Unzeit, und mein Text sollte sein: ‚Was hülfe es dem Menschen, wenn er die ganze Welt gewönne und nähme doch Schaden an seiner Seele?‘"

Dieses Wort des Atheisten machte einen tiefen Eindruck auf Karl Studd. „Da sah ich mit einem Male", so schreibt er, „ja, so sollte das Leben eines Christen sein. Wenn ich von da an auf mein eigenes Leben zurückblickte, wie wenig folgerichtig war es gewesen! Ich kam zu dem festen Entschluß: Von diesem Augenblick an sollte das Schwanken ein Ende haben; ich wollte darauf achten, was Gott mir als seinen Willen kundtat. Aber diesmal wollte ich mich nicht wieder mit Fleisch und Blut beraten, sondern wollte darauf warten, daß Gott sich mir offenbarte."

Karl Studd erhielt in dieser Zeit noch eine Lehre, die für sein ganzes zukünftiges Werk von entscheidender Bedeutung war: die Lehre, daß bloßer Eifer ihn noch nicht zu einem erfolgreichen Arbeiter im Weinberge Christi machen würde. Er mußte Vollmacht haben. Er erinnerte sich an die Worte: „Ihr werdet die Kraft des Heiligen Geistes empfangen ... und werdet meine Zeugen sein." Die Folge war: Als er zu ergründen suchte, welchen Plan Gott für sein Leben hatte, offenbarte ihm Gott zunächst seine eigene Not und zeigte ihm dann, daß diese Not von ihm genommen werden würde, wenn er die Fülle des Heiligen Geistes empfinge. Wie das geschah, berichtet er selbst:

„Etwa drei Tage später kam einer meiner nächsten Freunde in die Stadt und lud mich ein, mit ihm eine Bibelstunde zu besuchen. Nachdem wir eine Weile in der Bibel gelesen und uns darüber ausgesprochen hatten, fragte mich der Freund: ‚Hast du von dem besonderen Segen gehört, der Frau W. zuteil geworden ist?‘ Ich antwortete:

‚Nein!' — ‚Nun', sprach er, ‚du weißt, wie eifrig sie fast ihr ganzes Leben lang für Christus gearbeitet hat; sie mußte dabei ein gut Teil Kummer und Sorge tragen, und das hat schwer auf ihr gelastet. Aber jetzt schenkte ihr Gott einen solchen Segen, daß das alles sie nicht mehr berührt. Es scheint, als ob sie gar nichts mehr beunruhige. Sie führt ein Leben völligen Friedens. Sie lebt schon auf Erden wie eine Selige.' Da begannen wir, in der Schrift zu suchen, ob Gott einen solchen Segen verheißen habe, und es dauerte nicht lange, da fanden wir, daß Gott denen, die an ihn glauben, verheißen hat, daß er ihnen seinen Frieden geben wolle, der höher ist als alle Vernunft, und daß sie sich freuen sollen mit einer unaussprechlichen Freude. Dann prüften wir uns selbst ernstlich, und wir mußten uns gestehen, daß uns dieser Segen noch nicht zuteil geworden war. Aber uns verlangte nach dieser höchsten Gabe, die Gott gibt. Wir knieten nieder und baten ihn um seinen Segen. Dann trennten wir uns.

Es war mir sehr ernst mit diesem Gebet. Als ich heimkam, betete ich wieder zu Gott, er möge mir seinen Frieden und seine Freude schenken. An demselben Tage fiel mir ein Buch in die Hände: ‚Das Geheimnis eines glücklichen Christenlebens'. In diesem Buch wurde nachgewiesen, daß gerade diesen Segen Gott einem jeden gibt, der willig und bereit ist, ihn zu empfangen. Und nun fand ich auch den Grund, weshalb ich ihn noch nicht empfangen hatte. Ich hatte ihm noch nicht Raum gemacht. Als ich so allein dasaß und darüber nachdachte, wurde mir klar, daß ich Gott etwas vorenthalten hatte, was ihm gehörte. Jesus Christus hatte mich losgekauft mit seinem teuren Blut, und ich hielt mich vor ihm zurück und hatte mich ihm noch nicht völlig hingegeben. Als diese Erkenntnis über mich gekommen war, kniete ich nieder und gab mich Gott zu eigen mit den Worten des Liedes:

> Dir will ich nun mein Leben weihn;
> nimm es, o Herr, es sei ganz dein!

Der nächste Schritt für mich mußte nun ein einfältiger, kindlicher Glaube sein, der Glaube, daß Gott annehmen und festhalten würde, was ich ihm hingegeben hatte. Ich hatte ihm meine Seele hingegeben; er konnte sie erhalten. Wieviel mehr vermochte er mein irdisches Leben, alles, was mich in dieser Welt anging, zu erhalten! In einfältigem, kindlichem Glauben hatte ich mein Leben zu führen. Meine Aufgabe war es, zu glauben, nicht zu handeln. Ich hatte ihm zu vertrauen, und er würde dann in mir wirken, was ihm wohlgefällig wäre. Von diesem Augenblick an ist mein Leben anders geworden. Er hat mir den Frieden gegeben, der höher ist als alle Vernunft, und unaussprechliche Freude."

Berufung zum Missionar

Kurze Zeit nach diesen inneren Erlebnissen wurde Karl Studd zum Missionar berufen. Vorher hatte er nie daran gedacht, sein Vaterland zu verlassen. England war ihm groß genug. Aber jetzt wurden seine Gedanken immer mehr auf das Arbeitsfeld des Herrn in der weiten Welt gelenkt.

Eines Tages besuchte er eine Missionsversammlung, in der ein nach China ausgesandter Missionar, McCarthy, von der Heimatgemeinde verabschiedet wurde. „Niemals", sagte er, „werde ich vergessen, wie feierlich und ernst er uns darauf hinwies, daß wir Menschen brauchten, die mit allem Ernst zur Verkündigung des Evangeliums bereit seien." Immerhin wollte Karl Studd sich nicht sofort entscheiden, damit man ihm nicht nachsagen könnte, er habe sich von der Erregung des Augenblicks treiben lassen. Darum verschob er seinen Entschluß bis nach Beendigung der Missionsfeier. Er betete zu Gott um die rechte Weisung durch sein Wort.

„Nur eins", sagt er selber, „hätte mich wankend machen

können in meinem Entschluß: die Liebe zu meiner Mutter. Aber dann las ich in der Schrift das Wort: ,Wer Vater und Mutter mehr liebt als mich, der ist mein nicht wert.' Da wußte ich, es war Gottes Wille, und ich entschloß mich zu gehen."

Aber es kamen noch schwere Prüfungen. Auf den stärksten Widerstand stieß Studd in seiner eigenen Familie. Die ganze Familie hatte schon genug Ärgernis daran genommen, daß der Vater sich bekehrt hatte. Daß nun noch einer der Söhne Missionar werden wollte, das war zu viel. Auf alle Weise versuchte man, Karl von diesem Schritt zurückzuhalten. Man brachte sogar christliche Prediger dazu, ihm abzuraten. Ja, ein Verwandter, dem er sehr dankbar war für großen geistlichen Segen, den er durch ihn erfahren hatte, sagte eines Abends zu ihm: „Karl, ich fürchte, du bist in Gefahr, einen großen Fehler zu begehen. Du bist jeden Abend in Abendgottesdiensten und siehst darum deine Mutter nicht. Ich aber sehe sie. Dein Vorhaben bricht ihr das Herz. Ich glaube, du tust unrecht." Aber Karl ließ sich nicht mehr durch menschlichen Rat umstimmen.

Er antwortete: „Laß uns die Frage Gott vorlegen! Ich will nicht starrköpfig sein und auch nicht auf Grund meines eigenen Entschlusses hinausgehen. Ich will nur, was Gott von mir erwartet." Es war für Karl Studd schwer, daß ein Mann, dem er so große Hilfe verdankte, seinen Schritt mißbilligte. Sie knieten nieder und legten die ganze Sache in Gottes Hand. In der Nacht konnte Karl nicht schlafen. Aber er hörte eine Stimme, die diese Worte wiederholte: „Bitte mich, so will ich dir die Heiden zum Erbe geben und der Welt Enden zum Eigentum." — „Das", schreibt Karl Studd, „war für mich Gottes Stimme, die zu mir sprach. Jetzt hatte ich meinen Marschbefehl für China erhalten."

Viel weniger machte ihm ein anderer Einwand zu schaffen: Wie verkehrt sei es doch, wenn ein Mann wie er sich im Innern Chinas vergrübe! Was für einen Einfluß könnte er auf die Jugend Englands haben! Wahrscheinlich hat der Teufel mit ganz ähnlicher Begründung Mose umzustimmen gesucht, als er seine Berufung erhielt. „Welchen Einfluß könntest du haben, wenn du im Palast des Pharao bliebest!" Aber Mose ging den Weg, den Gott ihm wies; er gab alles auf, ging in die Verbannung und wurde der Retter eines Volkes. Studd tat desgleichen. Und hier bestätigte sich in überwältigender Weise die allgemeine Erfahrung, daß durch den Auszug berufener Missionare die Heimat nicht nur keine geistigen Kräfte verliert, sondern daß gerade dadurch in der Heimat ungeahntes neues Leben erwirkt wird. Es entstand eine Erweckungsbewegung unter den Studenten, die alle Universitäten der englischen Zunge erfaßte, und zwar in einem Ausmaß, wie sie nie vorher oder später gesehen worden war.

Auch die Bitten und Tränen seiner verehrten und geliebten Mutter konnten Karl Studd nicht irremachen. Immerhin wäre er in seinem erschütternden inneren Kampf fast wankend geworden. Doch da erhielt er eine Botschaft von Gott, die alles endgültig entschied. Er stand eines Abends sehr spät bei flackerndem Lampenlicht auf einem Bahnsteig und betete in der Verzagtheit seines Herzens zu Gott, ihm seinen Willen kundzutun. Er zog sein Neues Testament hervor, schlug es auf und las: „Des Menschen Feinde werden seine eigenen Hausgenossen sein." Von diesem Augenblick an schaute er nicht mehr zurück.

Wenige Tage nach der Entscheidung hatte Studd eine Besprechung mit Hudson Taylor, dem Direktor der China-Inland-Mission. Er wurde als Mitglied dieser Missionsgesellschaft aufgenommen. Auch sein Freund Stanley Smith, der Vormann der Cambridge-Ruderer, hatte den Ruf Gottes vernommen und meldete sich. Innerhalb weniger Wochen meldeten sich noch fünf andere junge Männer, und irgend jemand gab ihnen den Namen die „Cambridge-Sieben". Das war eine Neuigkeit, die in kurzer Zeit von der ganzen kirchlichen und weltlichen Presse verbreitet wurde: Sieben junge Männer wollten als Missionare nach

China gehen, zum Teil Leuchten in der Sportswelt: ein in ganz England bekannter Kricketspieler, der Vormann der Cambridge-Mannschaft, der erste Ruderer des Versuchsachters, ein Gardedragoner und ein Offizier der königlichen Artillerie. In der ganzen Missionsgeschichte gab es keine Freiwilligenschar, mit der sich die Öffentlichkeit so beschäftigt hatte wie mit diesen Sieben.

Im Februar des Jahres 1885 fuhren die „Sieben" ab.

Drei Monate später hätten ihre eigenen Mütter sie schwerlich wiedererkannt. Aus Offizieren und Akademikern waren Chinesen geworden mit Zöpfen, Röcken und weitärmeligen Überwürfen und allem, was dazu gehört; denn die China-Inland-Mission ging von der Überzeugung aus, der einzige Weg, an die Chinesen des Inlands heranzukommen, sei der, daß man ihnen gleich werde.

Wieder vier Monate später waren die Sieben weit verstreut im Innern Chinas. Karl Studd ging nach Norden, nach Pingyuan und Tai-Yuen. Endlose Reisen auf dem Maultier, zu Fuß oder im Wohnboot, Einherstapfen im Lehm, Übernachten in schmutzigen chinesischen Wirtshäusern, ein ein- bis zweimonatiger Aufenthalt in dieser oder jener Stadt des Innern, einige Fortschritte in der Beherrschung der Sprache, vor allem und über alles Tage und Stunden inniger Gemeinschaft mit Gott und seinem Wort — das war der Lebenslauf Karl Studds in den ersten achtzehn Monaten seiner Pionierarbeit in China. Die wichtigste Lehre, die diese Zeit ihm gab, war die, daß er ganz ein Mann der Bibel wurde. Von nun an wurde es sein Lebensgrundsatz, fast ausschließlich die Bibel zu lesen und sich möglichst viele Stellen einzuprägen. Er stand ihr gegenüber in der Haltung eines kleinen Kindes, einfach im Vertrauen darauf, daß der Heilige Geist ihm das Wort erleuchten werde.

Karl Studd verschenkt ein Vermögen

Bevor Studd England verließ, hatte er eine persönliche Besprechung mit Hudson Taylor. Nach dem Testament seines Vaters war er der Erbe eines beträchtlichen Vermögens. Aber das Verfügungsrecht darüber sollte er erst erhalten, wenn er fünfundzwanzig Jahre alt wäre. Studd war durch ein einfaches Lesen der Heiligen Schrift, das die Worte hinnahm, ohne sie umzudeuten, zu einem entscheidenden und folgenschweren Entschluß gekommen. Er las die Worte Christi: „Verkaufe, was du hast, und gib's den Armen!" und „Ihr sollt euch nicht Schätze sammeln auf Erden". Er las von den ersten Christen am Pfingsttage, von denen es heißt: „Alle aber, die gläubig geworden waren, verkauften ihre Güter und Habe und teilten sie aus unter alle, nach dem jedermann not war." Und schließlich las er die Geschichte von dem reichen Jüngling, zu dem Jesus sprach: „Eins fehlt dir. Gehe hin, verkaufe alles, was du hast, und gib's den Armen, so wirst du einen Schatz im Himmel haben, und komm, folge mir nach und nimm das Kreuz auf dich!" Es schien ihm, als ob diese Worte für ihn selbst als einen heutigen Jünger Jesu ebenso bindend seien wie für die Menschen, zu denen sie einst gesprochen waren. Daher beschloß er im Lichte des Wortes Gottes, sein ganzes Vermögen Christus hinzugeben. Er wollte damit die besondere Gelegenheit ergreifen, die sich ihm bot, das zu tun, was jener reiche Jüngling versäumt hatte. Es war keine übereilte Entscheidung: Taylor wies ihn darauf hin, daß er ja für die nächsten beiden Jahre tatsächlich noch nicht verfügungsberechtigt sei, daß er also seinen Entschluß bis dahin verschieben könne. Aber für Studd war das keine Frage, über die irgendwelche Gefühls- und Willensregungen entscheiden konnten. Es war auch keine übernatürliche Weisung, an der die Zeit etwas ändern konnte. Es war für ihn ganz einfach Gehorsam gegen das, was in Gottes Wort schwarz auf weiß geschrieben stand.

Die zwei Jahre vergingen, und nun verlebte er seinen fünfundzwanzigsten Geburtstag allein in Chungking.

„Eines Tages", schreibt er, „las ich das Evangelium und kam zu der Stelle, wo Christus mit dem reichen Jüngling spricht. Da schien es mir, Gott wolle mich an alle Gelübde erinnern, die ich getan hatte. Einige Tage später brachte mir die Post, die dort nur zweimal im Monat kam, Briefe von meinem Sachwalter und meinem Bankier, die mich über mein Erbe unterrichteten. Da gab mir Gott die Kraft, ein redlicher Mensch zu bleiben, und zeigte mir, was ich zu tun hatte. Jetzt verstand ich auch, warum er mich nach Chungking geführt hatte. Um eine Schenkungsurkunde auszustellen, brauchte ich eine Vollmacht, und die mußte von einem Staatsbeamten gezeichnet sein. Ich ging zum Konsul. Als er aber die Urkunde sah, sagte er: ‚Das unterschreibe ich nicht!' Schließlich erklärte er, er wolle mir zwei Wochen Bedenkzeit geben. Wenn ich dann noch darauf bestünde, wolle er es unterzeichnen. Nach zwei Wochen legte ich es ihm wieder vor. Er unterschrieb, und fort mit dem Plunder! Gott hat verheißen, dem, der ihm gibt, alles hundertfältig zu vergelten. Hundertfältig — das ist ein wundervoller Prozentsatz. Das sind 10 000 Prozent."

Soweit Studd es übersehen konnte, betrug sein Erbe 29 000 Pfund (damals etwa 725 000 DM, heutiger Wert mehrere Millionen). Um aber im Falle eines Irrtums einen Spielraum zu haben, verfügte er vorläufig nur über 25 000 Pfund. An diesem denkwürdigen Tag, dem 13. Januar 1887, schickte er vier Schecks über je 5000 und fünf Schecks über je 1000 Pfund ab. So kühl und überlegt, wie ein Geschäftsmann sein Geld in guten, sicheren und hochverzinslichen Wertpapieren anlegt, so legte Studd sein Vermögen bei der Himmelsbank an. Das war keine Narrheit. Es war ein öffentliches Zeugnis vor Gott und den Menschen, daß er Gottes Wort für das Sicherste hielt, was es auf Erden gibt, und daß der hundertfältige Ersatz, den Gott für dieses Leben verheißt, von dem anderen

Leben nicht zu reden, für den eine lebendige Wirklichkeit ist, der daran glaubt und danach tut.

Er schickte 5000 Pfund an Moody und sprach dabei die Hoffnung aus, er könne damit in Tirhut in Nordindien, wo Studds Vater sein Vermögen erworben hatte, ein Missionswerk beginnen. Moody wollte das auch ausführen; aber es gelang nicht. Er benutzte deshalb das Geld, um damit das berühmte Moody-Bibel-Institut in Chikago zu gründen. Er schrieb: „Ich will das Nächstliegende tun. Ich will eine Ausbildungsstätte damit gründen, von der aus Männer und Frauen in alle Welt ausgehen können, um das Evangelium zu verkünden."

5000 Pfund schenkte Studd Georg Müller: 4000 seinem Missionswerk und 1000 Pfund den Waisen; 5000 Georg Holland in Whitechapel: Sie sollten „für den Herrn unter seinen Armen in London verwendet" werden. Studd sprach dabei die Bitte aus, Holland möge das Geld in seines Vaters Namen ausgeben; denn sein Vater hatte Holland viel geistliche Hilfe zu danken. 5000 weitere Pfund schickte Studd dem Kommissar Booth-Tucker für die Heilsarmee in Indien. Diese 5000 Pfund kamen gerade an, als sie dort eine Nacht lang um Unterstützung gebetet hatten, die sie nötig brauchten. Das Geld wurde dazu verwendet, eine Abteilung von fünfzig neuen Offizieren auszusenden.

An Fräulein McPherson in London, an Fräulein Ellen Smyly in Dublin, an General Booth von der Heilsarmee, an Pfarrer Archibald Brown im Osten Londons und an die Anstalten von Dr. Barnardo sandte Studd je 1000 Pfund.

Nach einigen Monaten bekam er einen genauen Überblick über den Betrag seines Erbteils. Da gab er noch einige tausend Pfund weg, hauptsächlich an die China-Inland-Mission. 3400 Pfund behielt er in seinem Besitz zurück. Kurz vor der Hochzeit schenkte er dieses Geld seiner Braut. Sie wollte nicht hinter ihm zurückstehen und fragte: „Karl, was hat der Herr zu dem reichen Jüngling gesagt?" — „Verkaufe alles, was du hast!" — „Schön, an unserm Hochzeitstag wollen wir die Rechnung mit dem Herrn ins reine bringen." Darauf schrieben sie folgenden Brief an General Booth:

„Den 3. Juli 1888. Mein lieber General! Mit recht herzlichem Bedauern haben wir durch die letzte Post von der ernstlichen Erkrankung Ihrer Gattin gehört. Wir denken an Sie beide mit inniger Teilnahme. Ich kann Ihnen gar nicht sagen, wie oft mich der Herr gesegnet hat, wenn ich Ihre und Ihrer Gattin Aufrufe im ,Kriegsruf' und Ihre Bücher las. Jetzt schicken wir Ihnen den beiliegenden Scheck über 1500 Pfund. Weitere 500 Pfund gehen an Kommissar Tucker als Hochzeitsgabe. Außerdem habe ich unsere Bank, Coutts & Co., angewiesen, unser letztes irdisches Gut, 1400 Pfund in Schuldverschreibungen, zu verkaufen und Ihnen den Erlös zu überweisen. Von nun an ist unsere Bank im Himmel. Sie sehen, wir sind nun einmal recht ängstliche Leute. Die große Sicherheit, die Coutts & Co. und die Bank von England bieten, genügen uns nicht. Wir sind doch recht bange, am Tage des Jüngsten Gerichts könnten sie zusammenkrachen. Wir haben diesen Schritt getan unter ausdrücklichem Hinweis auf Gottes Wort, auf den Befehl des Herrn Jesus, der da sagt: ,Verkaufet, was ihr habt, und gebt Almosen! Macht euch Beutel, die nicht veralten!' Er hat auch gesagt: ,Liebt ihr mich, so haltet meine Gebote!' Und wiederum heißt es: ,Wer da sagt: Ich kenne ihn, und hält seine Gebote nicht, der ist ein Lügner.'

Lange haben wir gefragt: ,Wem sollen wir es geben?' Nun meinen wir, daß der Heilige Geist uns seine Weisung gegeben hat. Ja noch mehr, wir meinen auch, daß dies der beste Weg ist, an die Menschen heranzukommen, da es der Weg des Herrn Jesus selbst war, als er kam, der Welt das Heil zu verkünden. Halleluja! Wir können auch Gott danken für seine Gnade, daß wir dies nicht mit Unwillen oder aus Zwang getan haben, sondern fröhlich, mit willigem Herzen. Gelobt sei der Herr! Amen!

Wir danken Gott auch dafür, daß wir, was England angeht, das stolze Bewußtsein haben können: ‚Silber und Gold habe ich nicht.‘ Wir wollen aber nicht sein wie Ananias und Saphira; wir sagen Ihnen ehrlich, daß wir einen kleinen Betrag hier haben. Wieviel das ist, weiß ich im Augenblick selber nicht.

Nun kommt das aber nicht von mir. Ich habe gelernt, daß in der Bibel steht: ‚So jemand die Seinen, sonderlich seine Hausgenossen, nicht versorgt, der hat den Glauben verleugnet und ist ärger denn ein Heide.‘ So nahm ich das ganze Geld und gab es meiner Frau, daß sie damit den Haushalt besorgt. So ist sie es, die Ihnen dieses Geld schickt. Sie meint, der Himmel sei die sicherste Bank. Überdies findet sie es einfacher so: Man hat keine Sorgen mit Schecks und Wechselkursen; man braucht nur nach der Regel zu leben: ‚Bittet, so werdet ihr nehmen, daß eure Freude vollkommen sei.‘

Nun leben Sie wohl, lieber General! Der Herr möge Sie in seine Obhut nehmen in dem Kriege, den Sie für ihn führen, für viele, viele Jahre, und ebenso Ihre liebe Gattin! Wir vereinigen uns in dem herzlichen Gebet, der Herr wolle Sie und alle die Ihrigen segnen, die zu dem engen und kleinen, aber auch die zu dem weiten und großen Kreise Ihrer Familie gehören. Nun bleibt uns nur noch ein Gebot unseres Herrn Jesus zu erfüllen, und das heißt: ‚Wenn du Almosen gibst, so laß deine linke Hand nicht wissen, was die rechte tut, auf daß dein Almosen verborgen sei‘ . . . Bei einer etwaigen Veröffentlichung im ‚Kriegsruf‘ bitten wir die gezeichnete Summe ohne Namensnennung zu vermerken, nur mit dem Zusatz: ‚Gehe hin und tue desgleichen!‘“

Der Leser wird sich im folgenden selber davon überzeugen können, wie Gott diesem jungen Paar Treue gehalten hat, wie er die Verheißungen, deren Bedingungen sie erfüllt hatten, in den ganzen 41 Jahren ihrer Ehe wahr gemacht hat, und nicht nur an ihnen, sondern auch an ihren Kindern und am Werk ihrer Hände. Aus diesem sichtbaren Zeugnis unserer Tage mag er wieder die alte Weisheit lernen: „Gesegnet ist der Mann, der sich auf den Herrn verläßt!" Erst in der Ewigkeit wird es offenbar werden, wie viele Menschen ein Verständnis für den wahren Sinn der Jüngerschaft Jesu bekommen haben durch das Beispiel dieses reichen Jünglings aus dem 19. Jahrhundert, der alles verließ und ihm nachfolgte.

Ein irisches Mädchen und sein Traum

Im Jahre 1887 kam Priscilla Livingstone Stewart in Schanghai an. Sie gehörte zu einer großen Gruppe neuer Mitarbeiter. Sie war Irin, aus Lisburn in der Nähe von Belfast. Sie hatte blaue Augen, einen schönen Teint und golden schimmerndes Haar und war, wie alle echten Iren, temperamentvoll. Sie war ein gesundes, lebensprühendes Mädchen. Vor achtzehn Monaten erst hatte sie ihre Bekehrung erlebt. Sie hatte zuvor gemeint, Religion sei eine Sache, bei der man ein langes Gesicht machen müsse, und deshalb sei das nichts für sie. Sie hatte sich in den Strudel der gesellschaftlichen Vergnügungen ihres Standes gestürzt; aber Christus rief sie in seinen Dienst. Von dem Tage an, da ihr im Traum der Mann von Golgatha erschien und sie seine Stimme hörte: „Durch meine Wunden seid ihr geheilt", gab sie sich ihm zu eigen. Sie schenkte ihm ihr ganzes Herz. Und nichts wurde ihr zu schwer, wenn es galt, für ihn Zeugnis abzulegen.

„Ich ging regelmäßig zu den Versammlungen der Heilsarmee", erzählte sie. „Ich nahm an ihren Umzügen teil. Und ich kann euch sagen, es war der Mühe wert! Mit alten Schuhen, mit Holz, Steinen, verfaulten Eiern und Apfelsinen wurden wir beworfen. Keiner von meinen Freunden wollte mich auf der Straße kennen, und alle jungen Männer, die mich kannten, gingen auf die andere Seite der Straße."

Kurze Zeit nach ihrer Bekehrung stellte sich Priscilla

in den Dienst Christi. Eines Tages schlug sie die Bibel auf und erwartete eine Weisung. Da sah sie am Rande des Buches in lichten Buchstaben die Worte: „China, Indien, Afrika." Diese prophetischen Worte sollten sich buchstäblich bei ihr erfüllen.

Karl Studd hatte nie davon gehört, daß es ein Menschenkind namens Priscilla Stewart gebe, als er gerade um dieselbe Zeit nach Schanghai kam. Er schrieb über sie:

„Als ich in Schanghai ankam, fand ich dort einige Frauen vor. Die eine, Frau Black, war die Leiterin des Heims. Sie war eine prächtige Frau. Dann war dort Herr Stevenson, ein Missionsdirektor, der für jedermann ein richtiger Vater war. Und endlich war da noch ein junges Mädchen. Ich hörte, daß sie im Augenblick wegen Herzbeschwerden nicht imstande sei, ins Innere zu reisen. Nach einigen Tagen fragte mich Stevenson nach meiner Meinung über sie. Ich erwiderte, nach meiner Ansicht sei es überhaupt schon ein Fehler von ihr gewesen, hinauszugehen. Sie machte nämlich den Eindruck, als ob sie ganz am Ende ihrer Kräfte und dem Dienst im Innern nicht gewachsen sei. Schon das Treppensteigen schien sie zu erschöpfen. Später — das werden wir noch sehen — änderte sich meine Meinung."

Schon wenige Monate später konnte er seiner Mutter schreiben:

„Hier ist ein Fräulein Stewart, die letzthin zur Mission gekommen ist; sie ist ein auserwähltes Werkzeug Gottes. Allenthalben haben sich ihr die Türen aufgetan, und in manchen Häusern, in denen wohl noch nie jemand vorher vor dem Herrn gekniet hat, hat sie die Menschen dazu gebracht, daß sie in ihren Empfangsräumen zum Gebet auf die Knie fielen. Niemals in meinem Leben bin ich so glücklich gewesen. Ich kann nie genug den Herrn preisen, daß er mir die Gnade gegeben hat, unverzagt vor ihm zu erscheinen und mein ganzes Leben in seinen Dienst zu stellen. Wahrlich, ein Christenleben ist selig, wenn alles für Jesus geschieht."

Vereint zum Kampf für Jesus

Priscilla Stewart ging mit drei andern Frauen in das Innere des Landes, in die Stadt Ta-Ku-Tang. Karl Studd kehrte nach Taiyen-Fu im fernen Norden zurück. Ein lebhafter Briefwechsel entspann sich zwischen ihnen, der nur zu einem Ziele führen konnte. Aber Fräulein Stewart war nicht ganz so leicht zu gewinnen. Der erste Brief datiert vom 9. Juni, und die Verlobung kam erst am 5. Oktober zustande. Es blieb immer eine Streitfrage, wie es schließlich zur Verlobung gekommen war. Karl Studds Version ist folgende:

„Es wird wohl immer schwierig bleiben zu entscheiden, wie es zu unserer Verlobung kam. Sie behauptet, ich hätte an sie geschrieben. Ich aber sage, sie hat zu mir gesprochen, ich will nicht sagen, mit ihren Augen oder mit ihrer Zunge — die hielt sie zurück —, sie sprach zu mir durch ihre Taten. Ich habe sie nicht geheiratet wegen ihres hübschen Gesichts. Ich heiratete sie, weil sie sich so mit ihrer ganzen Person einsetzte für den Herrn Jesus und für die, die er ihr zugesandt hatte, sie zu retten. Ich entsinne mich noch sehr wohl, wie ich an einem Nachmittag in Taiyuen mit einem Missionar zusammensaß, wir miteinander plauderten und er mich neckte, ich sei doch mit dem hübschesten Mädchen in ganz Schanghai verlobt. Wirklich, ich kann euch ganz ehrlich sagen, das war für mich eine peinliche Überraschung. Denn gewiß hatte ich nie an ihr hübsches Gesicht gedacht. Ich bin noch heute der Überzeugung, daß von allen guten Gaben Gottes das gute Aussehen die geringste ist."

Frau Studd kann urkundliche Belege beibringen. Sie hat die Liebesbriefe aus jener Zeit aufbewahrt. In einem von ihnen lesen wir:

„25. Juli 1887. Aber jetzt muß ich Ihnen sagen: Ich habe acht Tage allein verbracht in Beten und Fasten, und da hat der Herr mir gezeigt — das glaube ich fest —, daß Sie unrecht haben und daß Ihr Entschluß nicht bestehen kann. Sie werden es selbst sehr bald spüren, wenn der Herr es Sie nicht bereits hat sehen lassen ... Tag für Tag vergeht, und ich werde nur mehr und mehr überzeugt und kann gar nicht weiter zweifeln, daß dies vom Herrn kommt. Sie wissen ja einigermaßen, wie ich die Zeit verbracht habe, seit ich Ihren Brief empfing: Alles andere habe ich beiseite liegen lassen, Arbeit, Schlaf und Essen; ich habe nur sein Angesicht gesucht und mich bemüht, seinen Willen zu verstehen. Er hat mich vorwärts geführt und spricht Tag für Tag zu mir; er gibt mir den Mut und die Kühnheit, endgültig um Sie zu werben.«

Es sind bemerkenswerte Liebesbriefe, die Studd geschrieben hat. Aus ihnen spricht die verzehrende Leidenschaft seines Lebens; sie sind erfüllt von Gedanken, die der Bibel entnommen sind, von Plänen, das gemeinsame Leben nicht für sich, sondern für Christus zu leben. Priscilla war eine feinfühlige Frau und nahm deshalb Karl das Versprechen ab, ihre Liebesbriefe zu verbrennen; so ist nur einer übriggeblieben. Zwei der Briefe, die er schrieb, als er sich von einer ernsten Krankheit erholte, sind 68 und 69 Seiten lang, in winzig kleinen Buchstaben. Hier einige Auszüge:

»25. Juli 1887. Es wird kein leichtes, behagliches Leben sein, das ich Ihnen bieten kann. Es wird ein Leben sein voll Mühe und Beschwerde. Wirklich, wenn ich nicht wüßte, daß Sie ein Kind Gottes sind, würde ich nicht im Traume daran denken, um Sie zu werben. Es handelt sich darum, ein Mitkämpfer zu werden in Gottes Armee, ein Leben des Glaubens an Gott zu führen, des Kampfes für ihn, eingedenk der Wahrheit, daß wir hier keine bleibende Statt, keinen sichern Wohnsitz haben, sondern daß wir nur die ewige Heimat suchen in des Vaters Haus dort oben. Das würde unser Leben sein. Möge der Herr allein Sie leiten!«

»8. Oktober. Ehe ich fortfahre, mein Liebling, habe ich noch eine Bitte an Dich: Laß uns beide jeden Tag dieselbe Bitte an unsern Vater im Himmel richten, daß wir der eine den andern jeden einzelnen Tag unseres Lebens Jesus hingeben, mögen wir getrennt sein oder nicht, und daß keiner von uns den andern zu seinem Götzen macht.

14. Oktober. Ich liebe Dich wegen Deiner Liebe zu Jesus, ich liebe Dich wegen Deines Eifers für ihn, ich liebe Dich wegen Deines Glaubens an ihn, ich liebe Dich wegen Deiner Liebe zu den Seelen derer, die Du zu retten suchst, ich liebe Dich wegen Deiner Liebe zu mir, ich liebe Dich um Deiner selbst willen, ich liebe Dich für immer und ewig. Ich liebe Dich, weil Jesus Dich mir gegeben hat, um mich zu segnen und meine Seele für ihn zu entflammen. O Herr Jesus, wie kann ich dir je genug danken für das, was du mir damit gegeben hast!"

Die bürgerliche Trauung war an der Küste. Dorthin mußten sie reisen, um einen englischen Konsul zu finden, der die Eheschließung vollziehen konnte. Die kirchliche Einsegnung fand vorher statt. Sie wurde von dem bekannten chinesischen Evangelisten Pastor Schi vorgenommen.

(Daß diese damals in China geschlossene Ehe hinsichtlich der Reihenfolge von ziviler und kirchlicher Trauung nicht mit den heutigen Bestimmungen einiger europäischer Staaten verglichen werden kann, ist selbstverständlich.)

Wir sind im einzelnen nicht darüber unterrichtet, wie ihnen in den ersten Jahren ihrer Ehe durch Gottes Hilfe immer wieder die Mittel für ihren Lebensunterhalt zukamen. An ihrem Hochzeitstag bestand ihr irdischer Besitz aus fünf Dollar und etwas Bettwäsche. Von einem besonderen Fall aber erzählt Karl Studd:

„Meine eigene Familie wußte weiter nichts von unseren Lebensumständen, als daß wir im Herzen von China lebten. Eines Tages waren unsere Mittel aufgebraucht, und so weit wir sehen konnten, hatten wir keinerlei Aussicht auf irgendwelche menschliche Unterstützung. Die Post kam nur alle vierzehn Tage, und gerade an diesem Nachmittag war sie auf dem Postamt abgeliefert worden. In vierzehn Tagen würde also die nächste Post erscheinen. Die Kinder waren zu Bett gebracht worden. Da kam meine Frau in mein Zimmer. Wir hatten uns die tatsächliche Lage klargemacht: Wenn die nächste Post uns keine Hilfe brachte, starrte uns der Hungertod an. Wir beschlossen, einen Gebetsabend zu halten, und knieten nieder. Wir verweilten wohl etwa zwanzig Minuten im Gebet, bevor wir uns erhoben. In diesen zwanzig Minuten hatten wir Gott alles gesagt, was wir zu sagen hatten. Der Druck war von unseren Herzen gewichen. Sollten die Worte seines Sohnes keine Gültigkeit haben: ‚Euer Vater weiß, was ihr bedürft, ehe denn ihr ihn bittet‘, oder seine eigenen Worte: ‚Ehe sie rufen, will ich antworten‘? Und fürwahr, er tat es. Der Postbote kam zur festgesetzten Zeit. Wir hatten es eilig, den Postsack zu öffnen. Wir überflogen die Briefe. Da war nichts, und wir sahen einander an. Ich ging noch einmal zu dem Postsack, faßte ihn an den Ecken und schüttete ihn aus. Da kam noch ein Brief zum Vorschein mit einer uns gänzlich unbekannten Handschrift. Ich öffnete ihn und begann zu lesen. Als wir diesen Brief gelesen hatten, waren wir ganz andere Menschen, und seitdem ist auch unser ganzes Leben anders geworden. Ich sah zuerst nach der Unterschrift — ein mir ganz unbekannter Name! Der Inhalt des Briefes aber war: ‚Aus irgendeinem Grunde habe ich von Gott den Auftrag erhalten, Ihnen einen Scheck über hundert Pfund zu schicken. Ich bin nie mit Ihnen zusammengetroffen, habe nur von Ihnen gehört und auch das nicht oft. Aber Gott hat mich in dieser Nacht nicht schlafen lassen und mir seinen Auftrag gegeben. Warum er mir befiehlt, Ihnen diese Summe zu schicken, weiß ich nicht. Sie werden es jedenfalls besser wissen als ich. Mag dem sein, wie es will: hier ist das Geld. Ich hoffe, es wird Ihnen gut zustatten kommen.‘ Der Mann hieß Frank Croßley. Wir hatten einander weder gesehen noch uns je geschrieben.“

*

Studds kehrten im Jahr 1894 zurück, nachdem sie zehn Jahre in China gelebt hatten. Im Jahr vorher war Karl Studd dem Tode nahe gewesen. Auf ein paar losen Blättern (beide führten kein regelmäßiges Tagebuch) hatte Frau Studd geschrieben:

„27. März 1893. Karl war sehr krank, den ganzen Tag. Es schien, als wolle der Herr ihn zu sich nehmen. Wir taten, was wir konnten, um ihm Linderung zu verschaffen. Aber vergebens. Gegen 4.30 Uhr nachmittags bat er, man möge ihn mit Öl salben. Wir salbten ihn in Gegenwart seiner nächsten Freunde und Mitarbeiter. Gegen Mitternacht ging sein Atem leichter und besser. Am Morgen war es viel besser."

„2. April. Ich versuchte herauszubekommen, was Karl im Herzen darüber dächte, China zu verlassen und heimzukehren. Er antwortete, der Herr habe ihm noch keinen Auftrag gegeben, nach Hause zu gehen. Es sei eine ernste Sache, den Posten zu verlassen, auf den Gott einen gestellt habe, außer wenn man unmittelbar einen Auftrag von Gott empfange. Diesen habe er noch nicht erhalten. Er verlasse sich auf Gott und sonst auf niemand." — —

Die Weisung von Gott muß im nächsten Jahre gekommen sein, wenn wir auch nicht wissen, in welcher Weise dies geschah. Es war nicht leicht, mitten durch China zu reisen mit vier kleinen Kindern. Pauline, die Jüngste, war noch ein Säugling.

In den darauffolgenden fünf Jahren befanden sich die Studds in USA und in England, wo sie, soweit es ihr Gesundheitszustand erlaubte, Evangelisationsversammlungen hielten und unter den Kindern Gottes den Sinn für die Missionsarbeit zu wecken suchten.

Sechs Jahre in Indien

„Vor dem Besuch dieser Kirche wird gewarnt; es sei denn, daß der Besucher bekehrt werden möchte." Das hört sich an, als sei es von einer Kirche des Urchristentums gesagt, etwa in Philippi oder Ephesus. Aber es gilt auch heute noch, wenn Prediger an die Macht des Heiligen Geistes glauben. So sprach man von der Kirche in Utakamund in Südindien, an der Karl Studd sechs Jahre lang, von 1900 bis 1906, Pfarrer war.

Seit seiner Bekehrung hatte er die Verpflichtung gespürt, das Evangelium in Indien zu verkündigen. Dies war auch seines Vaters letzter Wunsch gewesen. Karl Studd hatte darüber schon aus China an seine Mutter geschrieben:

„Georg erzählte mir, wie bekannt der Name Studd in Tirhut in Nordindien ist, wie die Leute zusammenströmten, um ihn zu sehen, als er dort war. Aber was haben sie gesehen? Studd, den Indigopflanzer, Studd, der darauf ausging, Reichtum zu erwerben, aber nie den Studd, dem das Seelenheil der Eingeborenen am Herzen lag. Sollten sie nicht Studd, den Boten Jesu Christi, sehen?"

Vincent, der alte Freund seines Vaters, redete Karl Studd zu, er solle den Wunsch seines Vaters erfüllen, nach Tirhut gehen und dort unter den Pflanzern Versammlungen abhalten. Vincent versprach, alle Vorbereitungen zu übernehmen. Studd nahm diesen Ruf an und blieb etwa sechs Monate lang in Tirhut. Dann wurde ihm eine Pfarrstelle an der Kirche der „Unabhängigen" in Utakamund angeboten.

Besonderes Aufsehen erregte in dieser Zeit die Bekehrung eines hohen Beamten in der Militärverwaltung. Dieser hatte seit dreiundzwanzig Jahren seine Bibel nicht mehr geöffnet. Da wurde er von seinem kleinen Sohn überredet, in die Kirche Studds zu gehen. „Du mußt einmal Studd hören! Er spricht auf der Kanzel von Brot und Butter." Das bezog sich darauf, daß Studd einmal klargemacht hatte, wie der Herr auch für die alltäglichen Bedürfnisse sorge. Der Vater kam — und er kam immer wieder. Dann schrieb er an Studd: „Jeden Sonntag fühlte ich mich durch Ihre Predigten härter und härter getroffen. Nach der letzten Predigt am vorigen Sonntag merkte ich, daß ich mich entscheiden mußte. Da war in mir ein harter Kampf zwischen Gott und dem Teufel. Gott sei Dank! Er hat den Sieg davongetragen." Die Umwandlung war so sichtlich, daß die eingeborenen Diener sich darüber unterhielten: „Was ist denn mit unserm Herrn geschehen? Früher fluchte er immer. Jetzt ist er so kirchlich geworden." Damit spielten sie auf die Hausandachten an, die er in seinem Hause eingeführt hatte.

Auch unter den Pflanzern hatte Studd ermutigende Erfolge, besonders durch die Art, wie er sich persönlich gab. Aber es war recht schwierig, allen Anforderungen in den entlegenen Bezirken nachzukommen. Studds einfache Art, wie er geradezu ohne alle Umschweife das Evangelium verkündete, rührte die Herzen an. Er schrieb an seine Frau: „Es wird mir immer wieder gesagt: ,Warum legen nicht auch die andern Prediger das Wort so schlicht und einfach aus wie Sie?'" — —

Diese ganze Arbeit leistete Studd unter unsäglichen Beschwerden. Nicht erst in Indien, sondern schon einige Jahre früher litt er an quälenden Asthmaanfällen. Er schlief fast nur noch zwischen zwei und vier Uhr morgens. Nacht für Nacht saß er aufrecht in einem Sessel und rang nach Atem. „Karl ist ein Wrack", schrieb Frau Studd, „schon die leichteste Bewegung führt bei ihm einen Asthmaanfall herbei." Und das war der Mann, der später in der Kraft seines Glaubens bis in das Herz von Afrika vordrang und dort achtzehn Jahre lebte! Kein Wunder, daß seine Frau zuerst dagegen war. Aber es ist auch kein Wunder, daß später ihr Lieblingswort wurde: „Der Gott, bei dem kein Ding unmöglich ist."

Als Familie Studd im Jahre 1906 in die Heimat zurückkehrte, gab Gott ihnen einen neuen Beweis, wie treu er für sie sorgte. Die Mädchen mußten zur Schule gehen. In Uti hatte es keine Gelegenheit zur Ausbildung für sie gegeben. Am besten schien es zu sein, sie in ein Pensionat zu schicken. Aber wie hätten sie die Kosten aufbringen sollen?

Achtzehn Jahre zuvor hatte das junge Paar alles, was es besaß, Gott hingegeben. Sie waren damit bis an die äußerste Grenze gegangen. Sie hatten ihr ganzes Vertrauen auf Gottes Treue gesetzt. Sie wußten nun, wenn Gott ihnen nicht gab, was sie brauchten, dann bestände keine Aussicht, ihren Kindern eine so gute Ausbildung zu geben, wie sie selbst genossen hatten. Aber sie vertrauten auf Gott. Und nun war die Zeit gekommen, wo seine Treue sich erproben sollte. Und sie wurden nicht enttäuscht. Gott ließ den Mädchen die Erziehung zuteil werden, die auch ihre Eltern bei entsprechenden Mitteln für sie ausgewählt hätten. Er erweckte in einem reichen Manne den Entschluß, drei von ihnen auf eine der besten Mädchenschulen des Landes, nach Sherborne, zu schicken und während ihrer ganzen Ausbildungszeit für sie zu sorgen, wobei sie die Ferien bei der Großmutter verleben konnten; später durften sie dann ihre Ausbildung in Lausanne beenden.

So wunderbar diese Fürsorge für ihre Töchter war, so hätten die Eltern sie für nichts geachtet, wenn nicht ein anderer, größerer Segen hinzugekommen wäre, ein Segen, der wirklich von Bedeutung war: das Heil ihrer Seelen. Zwei Jahre später schreibt Karl Studd:

„Ich habe die große Freude, zu sehen, daß alle meine Mädchen auf Gottes Wegen wandeln. Dafür allein bin ich dem Heiland jeden Tropfen Bluts und alle Kräfte des Leibes und der Seele schuldig. Könnte ich doch ihm ähnlich werden!"

Geistliche und Mitarbeiter der Inneren Mission, die unter Männern arbeiteten, erkannten in dieser Zeit eine gute Gelegenheit darin, durch einen hervorragenden Sportsmann, der sich bekehrt hatte, weitere Männerkreise

zu erreichen. Christliche Vereine Junger Männer, Bruder-
schaften, öffentliche Gesellschaften, Wesleyaner baten
Studd immer wieder um Vorträge. In den beiden Jahren
von 1906 bis 1908 hat er wohl vor Zehntausenden von
Männern gesprochen, von denen viele sonst nie zu einem
Gottesdienst gekommen wären, die aber durch seinen Ruf
als Sportsmann angezogen wurden. In diesen großen Versammlungen griff Studd den Menschen ans Herz und
wühlte sie im Tiefsten auf. Manche Entscheidung für
Christus wurde getroffen. Seine Art, geradeheraus zu
reden, von Mann zu Mann, in der gewöhnlichen Um-
gangssprache, dazu sein Humor — das alles machte auf die
Männer den stärksten Eindruck. Eine Birminghamer Zei-
tung z. B., die in dem Ruf stand, von Missionaren und
religiöser Arbeit geringschätzig zu reden, überraschte ihre
Leser durch folgende Bemerkungen:

„Herr Studd ist ein Missionar, für den man sich be-
geistern kann. So dachten auch alle Studenten von Hands-
worth, die ihm zujubelten, diesem Mann mit dem roten
Schlips, dem schlanken Athletenkörper und dem jungen
Gesicht. Nach zwanzig Jahren harten Kampfes sprudelt
er über von Leben und Humor. Da gibt's keinen Pessimis-
mus, keine Lauheit. Er kennt nur Liebe und Gehorsam;
er lehrt, was er lebt. Sein tapferes, sonniges Gesicht hat
er durch alles hindurch bewahrt. Keine Spitzfindigkeit
bringt ihn in Verwirrung. Sein Glaube ist so tapfer, wie
seine Rede klar und einfach ist."

Das größte aller Abenteuer

Wir kommen jetzt zu der letzten und größten Zeit in
Studds Leben. Zuerst war der Schauplatz China, dann
Indien und jetzt das Innere von Afrika. Der Ruf kam
recht plötzlich. Studd trug sich noch mit dem Gedanken,
nach Indien zurückzukehren. Da sah er eines Tages im
Jahre 1908 in Liverpool ein recht sonderbar gefaßtes

Versammlungsplakat, das sofort seine Aufmerksamkeit erregte und seinem Sinn für Humor entgegenkam. „Kannibalen brauchen Missionare", hieß es da. „O ja", sagte er sich, „das tun sie sicher, aus mehr als einem Grunde. Ich will doch einmal hineingehen und feststellen, wer ein solches Plakat verfaßt hat." Wie er es sich gedacht hatte, war es ein Ausländer, Dr. Karl Kumm.

Bei diesem scheinbar zufälligen Versammlungsbesuch war Gottes Hand am Werk; denn in dieser Versammlung berief er Karl Studd zu der größten Arbeit seines Lebens. Er selbst schreibt darüber:

„Karl Kumm war quer durch Afrika gewandert und erzählte von seinen Erlebnissen. In der Mitte des Erdteils, sagte er, gäbe es Stämme, die noch nie von Jesus Christus gehört hätten. Forscher seien in diesen Gegenden gewesen, Großwildjäger, Araber, Händler, europäische Beamte und Gelehrte. Aber es seien noch keine Christen hingekommen, um von Jesus zu berichten. Da schämte man sich tief. Ich dachte: ‚Warum sind keine Christen hingegangen?‘ Gott antwortete mir: ‚Warum gehst du nicht?‘ — ‚Die Ärzte würden es mir nicht erlauben‘, sagte ich. Da erhielt ich die Antwort: ‚Bin ich nicht der beste Arzt? Kann ich dich nicht durchbringen? Kann ich dich dort nicht behüten?‘ Da gab es keinen Einwand mehr, ich hatte dem Ruf zu folgen."

Aber wie sollte dieser Plan zur Tat werden? Studd hatte kein Geld. Er war fünfzig Jahre alt. Seit fünfzehn Jahren stand es schlecht um seine Gesundheit. Wie sollte er das Tropenklima in Afrika überstehen? Karl Kumm hatte mit Nachdruck auf das schnelle Vordringen des Islams in diesen Gegenden hingewiesen und betont, wie dringlich es sei, eine Reihe von Missionsstationen zu bilden und diese Flut aufzuhalten. Karl Studd unterbreitete diesen Plan einer Gruppe von Geschäftsleuten und erklärte sich selber bereit, diesen Weg zu gehen. Der Plan wurde an sich gebilligt, und die Männer schlossen sich auch sofort zu einem Komitee zusammen, um die Durchführung des Planes zu ermöglichen. Aber sie stellten eine Bedingung: Studds Arzt mußte seine Zustimmung geben. Daran aber schien der Plan zu scheitern. Der Bericht des Arztes sprach sich entschieden dagegen aus. Karl Studd schreibt:

„Zu viel Liebe ist manchmal ebenso schlimm wie zu viel Haß. Das Komitee verweigerte mir die Zustimmung zu meiner Reise, es sei denn, daß ich verspräche, nicht über Chartum hinaus nach Süden vorzudringen. Sie hatten Angst um mich; denn der Arzt hatte erklärt, wenn ich mich südlich über Chartum hinauswagte, würde ich nicht zurückkommen. Als ich mich weigerte, dieses Versprechen zu geben, lehnten sie ihre Unterstützung für die Reise ab und zogen die Summen zurück, die sie zu diesem Zweck in Aussicht gestellt hatten."

So stand Studd da, mittellos, von seinem Arzt für untauglich erklärt, von seinem Komitee im Stich gelassen, aber von Gott beauftragt, hinauszugehen. Was sollte er da tun? Sein Gewissen gab ihm eine klare Antwort. Wieder einmal wagte er alles im Gehorsam gegen Gott. Als junger Mensch setzte er seine Laufbahn aufs Spiel, in China sein Vermögen, jetzt sein Leben. Ein Spieler für Gott! So trat er in die große Schar derer ein, die im Glauben alles aufs Spiel setzten: Abraham, Mose usw. (Hebr. 11); er trat ein in die echte apostolische Nachfolge, in die Nachfolge der „Männer, die ihre Seelen dahingegeben (aufs Spiel gesetzt) haben für den Namen unseres Herrn Jesus Christus" (Apg. 15, 26). Kein Wunder, daß er einmal schrieb: „Keine Leidenschaft ist schwerer heilbar als die des Spielers. Und ein Spieler für Jesus ist noch niemals geheilt worden, Gott sei Dank!" Seine Antwort an das Komitee lautete: „Meine Herren, Gott hat mich gerufen hinauszugehen. Und ich werde gehen. Ich werde in dieses unbekannte Land die Bahn brechen. Kann ich nichts anderes ausrichten, dann mag wenigstens mein Grab ein Aufruf an jüngere Menschen sein, daß sie mir folgen." Er machte Ernst mit dem Wort seines Herrn: „Wer sein

Leben verliert um meinet- und des Evangeliums willen, der wird's behalten." Die nächsten zwanzig Jahre sollten die Wahrheit dieser letzten Worte erweisen: „Der wird es behalten."

In etwa drei Wochen wollte er abfahren und hatte kein Geld. Was sollte er tun? Gerade am nächsten Tage hatte er eine Versammlung in Birmingham. Es war bereits bekanntgegeben worden, daß er in wenigen Wochen abreisen werde, und noch niemand wußte etwas davon, daß am Tage vorher alle sein Hoffnungen, soweit Menschen sehen konnten, zusammengebrochen waren. Er berichtet darüber:

„Ich kam auf die Rednerbühne und wußte noch nicht, was ich unter diesen Umständen sagen sollte. Während der Leiter der Versammlung sprach, kam mir plötzlich ein Gedanke. Ich hörte die Stimme Gottes: ,Warum gehst du nicht?' — ,Wo ist das Geld?' antwortete ich. ,Kannst du darin nicht auf mich vertrauen?' hieß es in mir. Da schien es, wie wenn die Sonne durch die Wolken bricht. ,Gewiß kann ich das!' antwortete ich. Und nun erhielt ich die Antwort: „Wo liegen dann noch die Schwierigkeiten?' Inzwischen hatte der Vorsitzende seine Ansprache beendet, ich stand auf und redete genauso, wie ich gesprochen hätte, wenn das Komitee sein Geld nicht zurückgezogen hätte. Am folgenden Tage reiste ich nach Liverpool, um die Wochenendversammlungen für die Linnacre-Mission zu halten. Es ging uns dabei sehr gut. Als ich am Montagmorgen Abschied nahm, steckte mir ein Missionsfreund, der mir vor diesem Wochenende ganz fremd gewesen war, zehn Pfund in die Hand. Man stelle sich meine Erregung und Freude vor! Ich mußte über Liverpool nach London reisen. Unterwegs ließ ich den Kutscher bei der Bibelanstalt halten, löste für meine zehn Pfund eine Fahrkarte nach Port Said und telegraphierte dem Komitee, was ich getan hatte. Natürlich reichten die zehn Pfund nicht aus für eine Reise nach Port Said, geschweige denn nach Chartum, tausend Meilen südlich davon, und wieder zurück. Aber was noch fehlte, das schickte mir Gott in wunderbarer Weise. Das Ergebnis war: Ich fuhr."

Er reiste am 15. Dezember 1910 ab, und zwar wirklich ganz allein. Nicht einmal seine Frau war mit ihm einverstanden. Aber der Herr war mit ihm. Er erfüllte seine Seele mit freudiger Zuversicht und mit Bildern von der Arbeit, die vor ihm lag. Am selben Tage, an dem er abfuhr, ward ihm eine erstaunliche Offenbarung zuteil. Studd schreibt darüber:

„Als ich von Liverpool abreiste und mich am ersten Abend in meine Kabine begab, sprach Gott in einer sehr sonderbaren Weise zu mir. Er sagte: ,Diese Fahrt gilt nicht nur dem Sudan; sie gilt der ganzen unevangelisierten Welt.' Für menschliches Verstehen war das lächerlich. Aber der Glaube an Jesus spottet der Unmöglichkeit."

Damals schien durchaus kein Zusammenhang zwischen der Reise dieses einen Mannes in einen Winkel des Sudans und der ganzen unevangelisierten Welt zu bestehen. Aber jetzt schauen wir auf über fünfzig Jahre zurück. Wir sehen, wie aus dieser Reise der „Weltweite Evangelisations-Kreuzzug" entstand und wie diese Gesellschaft in vier Erdteilen das Evangelium verkündete. Können wir darin nicht wieder die Bestätigung dafür finden, daß Gott nur darauf wartet, sein Werk durch Menschen zu tun, die ihm rückhaltlos vertrauen und gehorchen? Wie Gott Studd dieses Versprechen gab und wie er es annahm, darüber schreibt er an Dr. Wilkinson:

„Meine Seele brennt darauf, des Herrn Werk zu tun. Mir ist, als hörte ich Jesus sagen: ,Geh hinaus und nimm Besitz von allem guten Land der Welt! Jeden Platz, auf den dein Fuß treten wird, habe ich dir zum Eigentum gegeben.'"

Inzwischen schrieb Studd herzliche Briefe an seine Frau, um sie zu trösten, aufzurichten und zu ermutigen. Ohne Zweifel haben diese Briefe dazu beigetragen, ihr deutlich zu machen, daß Gott wirklich mit ihrem Manne war. So konnte sie später eine begeisterte Mitarbeiterin an seinem Werke werden.

In der Begleitung des Bischofs Gwynne brach Studd zum südlichen Sudan auf. Hier trafen sie mit dem Archidiakon Shaw von der Kirchlichen Missionsgesellschaft zusammen. Die drei reisten dann zwei und einen halben Monat lang zu Fuß oder auf Mauleseln durch den Bahr-el-Ghazal. Der Weg führte durch ein Gebiet, in dem Malaria und Schlafkrankheit herrschten. Dies war für die Tiere so gefährlich, daß von 29 Mauleseln 25 starben. Trotzdem ging es Studd auf der Reise ausgezeichnet. Als er aber nach Chartum zurückkehrte, machte sich ein schwerer Anfall von Malaria bemerkbar. Die Kirchliche Missionsgesellschaft arbeitete bereits in dem oberen Stromgebiet des Nil. Es hatte also wohl kaum einen Sinn, dort eine neue Mission zu beginnen. Denn die Arbeit konnte von der Kirchlichen Missionsgesellschaft übernommen werden, wenn sie ihre Arbeit zwei oder drei Stationen weiter ausdehnte. Und zu dieser Lösung kam man schließlich.

Aber auf dieser Reise war ihnen eine Nachricht von großer Wichtigkeit zu Ohren gekommen. Es wurde berichtet, jenseits der Südgrenze des Sudans, in Belgisch-Kongo, lebe eine zahlreiche, verwahrloste und verlassene Bevölkerung, die noch nie von Christus gehört habe. Diese Kunde war die Grundlage für eine andere Botschaft, die Gott an Studd ergehen ließ. Sie veranlaßte ihn, mit noch größerem Eifer vorwärtszudringen. Er schreibt:

„Als ich den Nil hinabfuhr auf der Rückreise nach Chartum, sprach Gott wieder zu mir: ‚Kannst du es verantworten, jetzt zurückzukehren und den Rest deines Lebens in England zu verbringen, wo du weißt, daß diese Massen noch nichts von Jesus Christus gehört haben? Wenn du das tust, wie willst du dann einmal vor meinem Thron bestehen?' Das gab den Ausschlag. Nach diesem Wort konnte ich unmöglich den Mut aufbringen, in England zu bleiben." — —

Achtzehn Monate später drangen zwei Männer, der eine über 52, der andere erst zwanzig Jahre alt, in das Innere von Afrika vor, über die Grenzen von Belgisch-Kongo hinaus, direkt in das Herz von Afrika. Diese beiden Männer waren die ersten Bahnbrecher der Inner-Afrika-Missionsgesellschaft, aus der später eine noch weit bedeutendere Missiongesellschaft hervorgehen sollte. — —

Karl Studd war mit glühender Begeisterung für diesen neuen Kreuzzug von Chartum nach England zurückgekehrt und hatte sogleich begonnen, eifrig für ihn zu werben. Er schrieb eine Reihe von Broschüren, die nicht nur diesen Kreuzzug begründeten, sondern die mit ihrer leidenschaftlichen Liebe für die Verlorenen auch weiter wirkten und Dutzende von Männern und Frauen in den Dienst riefen und sie auf das Missionsfeld sandten. Hier einige Stellen daraus:

„Wir müssen hinausziehen zum Kreuzzug für Christus. Wir haben die Menschen, wir haben die Mittel und die Wege. Dampf, Elektrizität und Eisen haben die Länder verbunden und die Meere überbrückt. Unser Gott hat uns die Tore der Welt weit aufgetan. Wir beten und wir predigen. Wir beugen die Knie. Wir empfangen und wir spenden das heilige Abendmahl, das Mahl der Gemeinschaft des Leidens Christi. Wir sprechen triumphierend das Glaubensbekenntnis. Wir sind Mann für Mann Optimisten. Wir singen: ‚Vorwärts, Christi Streiter! Auf zum heil'gen Krieg!' Und dann? Und dann? Ja, dann flüstern wir: ‚Ich bitte dich, entschuldige mich!' Ach, was sind wir doch für prächtige Schwindler!

Man nimmt an, daß fünfhundert Millionen Heiden das Evangelium noch nicht gebracht worden ist. Aber unsere großen Missionsgesellschaften haben den Höhepunkt ihrer Wirksamkeit erreicht. Wenn sie noch nicht mit dem Abbau begonnen haben, so denken sie doch sehr ernsthaft daran. Und dabei sind das innere Asien, das innere Afrika und nahezu das ganze südamerikanische Festland noch nicht von dem Evangelium berührt.

Im vorigen Juni lagen wohl tausend Spekulanten, Händler, Kaufleute und Goldsucher an der Mündung des Kongo. Sie warteten darauf, daß die Regierung ihnen die Tür öffnete. Dann wollten sie in diese Gebiete eindringen, weil das Gerücht sich verbreitet hatte, daß dort Gold in Fülle zu finden sei. Wenn solche Menschen so vernehmlich auf den Ruf des Goldes hören und ihm folgen, ist es dann möglich, daß die Ohren der Streiter Christi so taub sind für den Ruf Gottes und für die Rufe der sterbenden Menschenseelen? Gibt es denn so viele Spieler für Gold und so wenige „Spieler" für Gott?

‚Meine Montenegriner', sagte König Nikita, ‚werden hinfort ihr Blut vergießen für ihre verfolgten Landsleute.' Wann wird einmal Gott dem Teufel sagen können: ‚Hast du meine Christen von heute gesehen? Sie sind nicht mehr gierig nach Gold und Lust, nach Ehre und Wohlergehen; sie werden von nun an ihr Blut vergießen für die Liebe und für die Sache meines geliebten Sohnes und für die Menschen, deren Not am größten ist.' Ja, wann? Wann werden wir uns tatsächlich mit Recht die ‚kämpfende Gemeinde hier auf Erden' nennen können?"

Studd hatte folgende Grundsätze für den neuen Kreuzzug aufgestellt:

„Im Glauben, daß weiterer Verzug Sünde ist, haben einige Personen, die vor Gott ganz und gar unbedeutend und nichtig sind, die jedoch unserem allmächtigen Gott vertrauen, sich dahin entschieden: Sie wollen auf Grund bestimmter einfacher, dem Worte Gottes entsprechender Richtlinien den Versuch wagen, die Verkündigung des Evangeliums zu einer vollendeten Tatsache zu machen. Zu diesem Zweck haben wir uns zusammengeschlossen und laden andere, die zum Volke Gottes gehören, ein, sich bei diesem glorreichen Unternehmen mit uns zu verbinden.

Unsere Aufgabe ist, zu suchen und ausfindig zu machen, welche Teile der Welt zur Zeit noch ohne Verkündigung des Evangeliums geblieben sind, und in diesen Ländern die Verkündigung mit äußerster Beschleunigung durchzuführen im Glauben an Christus, im Gebet zu Gott, im Gehorsam gegen den Heiligen Geist, in Mut, Entschlossenheit und letzter Hingabe.

Das Haupt, der oberste Leiter und Führer dieser Missionsgesellschaft ist der dreieinige Gott.

David wählte fünf glatte Steine aus dem Bach, um Goliath zu besiegen. Wir haben demgemäß die folgenden fünf ausgewählt als Grundlage unseres Vorgehens. An diese Grundsätze muß sich jeder halten, der sich mit uns verbinden will:

1. Unbedingter Glaube an die Gottheit jeder Person der Dreieinigkeit.

2. Unbedingter Glaube an die göttliche Inspiration der Heiligen Schrift Alten und Neuen Testaments.

3. Das Gelöbnis, uns in der Verkündigung auf nichts anderes zu gründen als auf Jesus Christus, den Gekreuzigten, den auferstandenen und wiederkommenden König.

4. Gehorsam gegenüber dem Befehl Jesu Christi, alle, die den Herrn Jesus lieben, ja alle Menschen aufrichtig und ohne Ansehen der Person zu lieben.

5. Unbedingter Glaube an den Willen, die Macht und die Fürsorge des Herrn, der um jedes Bedürfnis seiner Diener weiß.

Die Mittel für dieses Werk sollen von Gott allein erbeten werden. Niemand sonst soll um irgendeine Schenkung oder Zeichnung angegangen werden. Bei keiner Versammlung, die von dieser Gemeinschaft veranstaltet oder von ihr anerkannt wird, soll eine Sammlung für ihre Arbeit stattfinden. Wenn wir am ersten nach dem Reiche Gottes und nach seiner Gerechtigkeit trachten, so haben wir die Verheißung Christi, daß Gott uns zufallen lassen wird, was wir brauchen. Wenn wir abtrünnig werden und irgend etwas anderes suchen, dann wäre es für uns selbst, für die Welt und für die Sache Christi am besten, daß wir so bald wie möglich aufhörten zu bestehen.

Unser Mitarbeiter muß ein Mann Gottes sein und kein Weltkind. Er ist nicht der besoldete Angestellte eines Komitees, sondern ein Diener Jesu Christi. Mit ihm hat er die Vertragsbedingungen vereinbart. Er kennt keinen andern Herrn. Er hat auch nicht den geringsten Zweifel daran, daß Gott ihm geben wird, was er braucht. Er trägt sein Scheckbuch immer bei sich, und ihm ist nicht bange, daß diese Schecks ihre Gültigkeit verlieren könnten. Wenn der Tod ihn auf dem Schlachtfelde ereilt, dann weiß er, daß das ein besonderes Zeichen der Gnade Christi ist, der ihn so geehrt und erhöht hat, ehe er das von Rechts wegen erwarten durfte. Wenn er zu Gott aufschaut, daß er ihm gebe, was er nötig hat, dann soll er auch zu Gott aufschauen, daß er ihn leite, und soll ihm gehorchen.

Zu lange haben wir aufeinander gewartet, anzufangen. Die Zeit des Wartens ist vorbei! Die Stunde Gottes hat geschlagen! Der Krieg ist erklärt! In Gottes heiligem Namen wollen wir uns aufmachen und bauen! Der Gott des Himmels wird für uns streiten wie wir für ihn. Wir wollen nicht auf Sand bauen, sondern auf den Felsen der Worte Christi, und die Pforten der Hölle und ihre Söldner sollen uns nicht überwältigen. Menschen wie wir sollen noch Furcht haben? Vor der ganzen Welt, ja, vor dieser schläfrigen, lauen, glaubenslosen, faden christlichen Welt wollen wir es wagen, unserm Gott zu vertrauen. Wir wollen alles für ihn drangeben, wir wollen leben und wollen sterben für ihn. Und wir wollen das tun mit der unaussprechlichen Freude, die er gibt, und ihm in unserm Herzen singen. Wir wollen tausendmal lieber sterben und allein unserm Gott vertrauen als leben und auf Menschen vertrauen. Wenn wir uns zu dieser Haltung durchgerungen haben, dann ist die Schlacht schon gewonnen, dann ist das Ende des glorreichen Feldzugs nahe herbeigekommen. Wir wollen uns wirkliche Heiligkeit von Gott schenken lassen und uns nicht zufriedengeben mit dem muffigen Kram frommer Redensarten und schillernder Gedanken. Eine männliche Heiligkeit brauchen wir, die Gedanken und Werk dransetzt für Jesus Christus."

Durch Kannibalenstämme

Der Abschied von seiner Frau fiel Studd diesmal besonders schwer. Aber sie war einig mit ihm in dem Willen, das Opfer zu bringen.

Am Abend des Abschieds war es wie eine Erleuchtung über ihn gekommen: Er faßte die Gedanken, die beider Herzen bewegten, in einen Satz zusammen, und dieser Satz ist das Motto des Kreuzzugs geworden. „Ist es wirklich wahr", hatte ihn ein junger Mann gefragt, „daß Sie in Ihrem Alter Heimat, Frau und Kinder verlassen wollen?" — „Wie?" erwiderte Studd, „haben Sie nicht heute abend über den Opfertod des Herrn Jesus Christus gesprochen? *Wenn Jesus Christus Gott ist und für mich starb, kann mir selber kein Opfer zu groß sein, um es ihm darzubringen.*"

Auf dem Bahnsteig, unmittelbar vor der Abfahrt des Zuges, schrieb Studd auf einen Zettel zwei Zeilen Stegreifdichtung, in denen der letzte Beweggrund seines Handelns treffend ausgesprochen ist, und gab sie seinem Freunde, Kapitän Downes:

„Nimm hin mein Leben, mach's zum Bild
des Kreuzes, das nur dich enthüllt!"

In einem Brief an Dr. Wilkinson spricht Studd in dem ihm eigentümlichen Stil von dem Feuer, das in ihm brannte:

„Das Komitee, unter dem ich arbeite, ist ein recht kleines Komitee, ein sehr reiches Komitee, ein wunderbar großzügiges Komitee. Dieses Komitee hält dauernd Sitzung. Es ist das Komitee des Vaters, des Sohnes und des Heiligen Geistes.

Wir haben einen Multimillionär auf unserer Seite; deshalb können wir es mit dem reichsten Manne der Welt aufnehmen. Er empfing mich zu einer Besprechung. Er gab mir ein Scheckbuch zu freiem Gebrauch und nötigte mich, auf ihn Wechsel auszustellen. Er versicherte mir, seine Firma kleide das Gras auf dem Felde, sorge für die Sperlinge und habe auch die Haare auf dem Haupte seiner Kinder alle gezählt. Er sagte, das Haupt seiner Firma verspreche, uns zu versorgen mit allem, was wir nötig hätten. Um uns dessen zu versichern, werde einer der Teilhaber, oder besser noch zwei, jedes Mitglied auf allen unsern Reisen begleiten, uns nie verlassen und versäumen. Er zeigte mir sogar einige Zeugnisse von früheren Angestellten der Firma. Da war ein zäher, alter Bursche mit langem Bart und scharf geschnittenen Zügen; der erklärte, bei einer Gelegenheit seien Raben gekommen, ihn zu versorgen, bei einer andern Gelegenheit ein Engel. Dann war da ein kleiner alter Mann, der über und über mit Schrammen und Narben bedeckt war wie eine Walnußschale; der sagte aus, er sei unzählige Male vom Tode errettet worden; denn er habe beschlossen, es auf die Verheißung ankommen zu lassen, wer sein Leben für die Firma verliere, der werde es finden. Er erzählte Geschichten, die wunderbarer waren als Romane und Märchen aus ‚Tausendundeine Nacht‘: von Fluchtwegen und Nöten, von Wanderungen und Kerkern. Von alledem erzählte er mit solch einem Feuer in den Augen und solch einem Lachen in der Stimme, und er fügte hinzu: ‚Aber aus dem allem errettete mich der Inhaber.‘ Für Christus zu spielen, sei das beste Spiel der Welt. Die Zwangsruhekur komme ihn hart an, jetzt, da seine Leidenschaft für das Spiel noch nicht erloschen sei. Aber der Hauptinhaber des Geschäfts befehle es; er sage, er solle nicht selbstsüchtig und nicht zu sehr darauf versessen sein; er sei nun lange genug drangewesen und habe bei weitem die höchste Punktzahl erreicht. Jetzt sei es besser, wenn er ein wenig ausruhe, ohne Sportausrüstung, und die andern anfeuere.“ — —

Der einzige Begleiter Karl Studds war Alfred B. Buxton, der Sohn seines alten Freundes, Pfarrer Barclay F. Buxton. Alfred hatte gerade in Cambridge ein Examen bestanden, gab aber den Rest seines Medizinstudiums auf, um sofort Studd zu begleiten. Zusammen reisten sie durch Kenia und Uganda zu den Ufern des Albertsees. Studd schreibt:

„Wieviel Hindernisse und Schwierigkeiten gab es auf unserm Wege! Wir verstanden nichts von der Sprache der Eingeborenen, unter denen wir monatelang reisen sollten. Französisch war die Sprache der belgischen Beamten; aber ich konnte nur ein wenig Hundefranzösisch und Buxton ein wenig Katzenfranzösisch — es war der kümmerliche Rest von dem mageren Bestand unserer Schulkenntnisse, den wir noch nicht vergessen hatten. Aber wir führten unsere Gespräche mit den Beamten immer zusammen; und es war merkwürdig: Wenn der Hund nicht mehr bellen konnte, dann miaute eben die Katze wieder. Viele Löwen gab es unterwegs, und sie alle sahen gar grimmig drein. Aber wir dachten daran, daß auch in alter Zeit einst ein Christ Löwen begegnete, und als er wagte, trotzdem weiterzugehen, merkte er, daß sie mit unsichtbaren Fesseln gefesselt waren. Einige sagten: ‚Die Belgier werden euch nicht hereinlassen, weil ihr Briten seid.‘ Ich antwortete: ‚Das werden wir sehen; ich will es daraufhin wagen.‘ Selbst der tapfere Bischof Tucker erklärte feierlich, nach seiner Meinung könnten wir den Kampf mit den mancherlei tödlichen Fiebern und anderen Gefahren, denen wir ausgesetzt seien, nicht mit Aussicht auf Erfolg aufnehmen. Wir würden nimmermehr mit dem Leben davonkommen. Dann stießen wir auf den Löwen des Fiebers. Mein Begleiter war nicht übermäßig kräftig. Er war auch noch sehr jung, nicht ganz einundzwanzig Jahre alt. Da wir noch in Britisch-Ostafrika waren, hatten wir die eigentliche Fieberzone noch nicht erreicht. Aber schon jetzt mußte er sich mit einem hartnäckigen Anfall legen, der ihn für eine Woche ans Bett fesselte. Wir ließen uns nicht einschüchtern: Der Glaube, der nur das Verständige tut, ist ein Sohn der Magd; der Sohn der Freien ist jener Glaube, der willensstark und im Vertrauen auf die Kraft Gottes freudig das Unmögliche unternimmt. So zogen wir weiter.

In Masindi brach in unserm Lager ein Feuer aus, das ein Zelt und andere sehr brauchbare Dinge zerstörte. Dort trafen wir auch einen anderen Löwen, einen richtigen Menschenfresser diesmal, der in der Vergangenheit schon viele Opfer gefordert hatte: Mein Begleiter erhielt ein Telegramm von Verwandten, denen ein anderer Missionar versichert hatte, Alfred sei viel zu jung und ganz ungeeignet, im Kongoland Pionierdienste zu tun. Man riet ihm dringlichst, umzukehren. Der Junge stand da wohl vor der schwierigsten und kritischsten Frage seines Lebens. Wie mancher Mann hat sich schon durch solche Gründe bewegen lassen, vom erwählten Weg zurückzutreten und den Preis ewiger Herrlichkeit aufzugeben! Wer sich da mit Fleisch und Blut berät, wird leicht zu einer falschen, glaubenslosen Entscheidung geführt. Aber für einen treuen Christen kann es nur eine Antwort geben auf die Frage, was zuerst kommt: der Vater im Himmel oder Verwandte auf Erden. Buxtons Entscheidung, weiterzuziehen, war die eines rechten Gottesmannes, und Gott hat sich wunderbar zu dieser Entscheidung bekannt. Viele Menschen in höherem Alter als Alfred sind in das Kongogebiet gekommen und sind immer wieder Opfer des Fiebers geworden. Aber dieser Junge, der es im Glauben wagte, hat in den nächsten zwei Jahren nie auch nur eine Stunde lang Fieber gehabt. Gott hat auch dieselben Verwandten später zu Ehren gebracht: Er erlaubte ihnen, zwölf Monate später ein anderes Telegramm zu schicken, in dem sie ihre Freude darüber aussprachen, daß ein jüngerer Bruder Alfreds sich entschlossen habe, sich mit uns in Belgisch-Kongo zu vereinigen. — —

Eine Reise von drei Tagen durch den Wald brachte die beiden von Masindi an die Ufer des Albertsees. „An diesem Morgen erreichten wir den Fuß der Hügel, die östlich des Albertsees liegen. Wir sahen jenseits der Hügel auf der andern Seite Belgisch-Kongo, unser gelobtes Land. Kannst Du Dir unsere Gefühle vorstellen? Es war ein hübscher Anblick, und, ganz gewiß, die Wolkensäule schwebte darüber." Sie überquerten den See. Ein anderer Löwe hatte sein Maul verschlossen: Die belgischen Beamten nahmen sie freundlich auf und gestatteten ihnen, das Kongogebiet zu betreten. Die erste Nacht im Kongogebiet verbrachten sie am Ufer des Sees.

„Die Dunkelheit brach herein. Wir hatten zum Abendbrot Hafergrütze. Wir machten noch einen Gang in den Busch, um einen Bock zu schießen; denn wir besaßen bedenklich wenig Nahrungsmittel. In der Dämmerung waren die Moskitos und die Stechfliegen eine empfindliche Plage.

Ich schlief mit dem Moskitonetz im Freien, mußte aber während der Nacht vor dem Regen ins Zelt flüchten. Die Fliegen sangen den Diskant zu dem Grunzen und Bellen der Krokodile. Der See war kaum zwanzig Meter von unserm Zelt entfernt. Ich hatte früher nie daran gedacht, daß Krokodile solchen Lärm machen. Es war nicht sehr behaglich, sie so als Nachbarn zu haben. Zur Vorsicht unterhielt ich zwischen uns und dem See ein tüchtiges Feuer.

Unsere Reise ging durch den wilden Stamm der Balenda, der zuletzt Emin Pascha getötet hatte. Dieser Stamm übte gegen die Nachbarstämme einen heillosen Terror aus. Es war schwer, Träger zu bekommen, und die wenigen, die mit uns kamen, wagten es nur deshalb, weil sie mit Weißen reisen wollten. Kurze Zeit vorher war ein Weißer von Uganda herübergekommen. Dieser wurde vor den Häuptling Julu gebracht, der ihm seine Kleider ausziehen und ihn schlagen ließ und danach nackt zurücksandte. Nicht lange nach unserer Reise wurde ein englischer Elefantenjäger von einem Angehörigen dieses Stammes mit einem vergifteten Pfeil in die Schulter getroffen und starb daran.

In dieser Gegend wurden Buxton und ich für einen Tag von unsern Trägern getrennt. Wir hatten einen falschen Weg eingeschlagen und zogen über drei Stunden lang recht steile Hügel auf und ab, zwischen denen dichtbevölkerte Dörfer lagen. Unsere Fahrräder waren uns fast nur hinderlich. Wir hatten nichts zu essen, besaßen kein Geld und verstanden die Sprache der Eingeborenen nicht. Wir waren ganz zerschlagen und hatten ein schreckliches Leeregefühl im Magen, das sich immer vernehmlicher geltend machte. So befanden wir uns in einer höchst schwierigen Lage. Da trafen wir einen Mann mit einem Körbchen voll roher Maiskolben und frischer Kartoffeln. Wir ließen uns von ihm einen kleinen Mundvorrat geben. Aber nun standen wir vor der schwierigen Frage: Wie sollten wir zahlen? Not macht erfinderisch. Blitzartig kam uns die Erleuchtung. Warum haben Hosen so viele Knöpfe? Natürlich doch nur, damit man sie abschneidet und in Zentralafrika als Geld gebraucht! Wir schenkten ihm einige, und vergnügt wie ein Harlekin zog er ab. Freilich eine Frage machte uns viel Kopfzerbrechen, und die haben wir auch jetzt noch nicht zufriedenstellend gelöst: Wie hat bloß seine Frau die Knöpfe an seine enganliegende schwarze Gummihaut angenäht, ohne ihm empfindliche Schmerzen zu verursachen?! Im nächsten Dorfe erregte schon das Erscheinen von Männern in Kleidern — seltene Vögel in dieser Gegend — gewaltiges Aufsehen. Darum hatte unsere Zeichensprache einen unvorhergesehenen Erfolg: In wenigen Minuten hatten wir Feuer, einen Koch und eine ausgelassene Gesellschaft. Das Kochen war beneidenswert einfach. Da wurden die Speisen nicht durch umständliche Soßen verdorben. Unser Küchenmeister hatte keine Pfanne, keinen Tiegel, keinen Rost, keine Tüte. Er warf die Speisen ins Feuer, drehte sie nach einer Weile um und brachte sie dann wieder heraus. Wir aßen mit beträchtlichem Appetit; unsere Lebensgeister wurden aufgefrischt, und wir hatten jenes behagliche Nachtischgefühl, das die Gäste eines Luxushotels genießen sollen. Einige Knöpfe beglichen die Rechnung. Aufgereihte Zähne zeigten uns, daß unsere Freunde in der Not Kannibalen waren. Aber wir beide waren ja schmächtig, mager und zäh; so war die Versuchung für sie nicht gar zu groß, und weder wir noch sie fielen ihr zum Opfer. Wir schieden von ihnen durch Gottes Gnade als die besten Freunde und gewannen ihren lebhaften Beifall.«

In einem weiteren Brief schreibt Studd:

»Von Kilo nach Arebi führte unser Weg durch den großen Wald von Ituri, den auch Stanley durchquerte. Der Wald ist mit Recht verrufen wegen seiner abschüssigen und schlüpfrigen Pfade, denen auch noch überhängende Bäume das Sonnenlicht nehmen. Man marschiert da nach der Melodie: ,Tripp, tripp, tripp, die Tropfen fallen.' Die Waldbewohner sind Zwerge, die sich nicht sehen lassen. Der Wald war stellenweise ganz wunderschön. Manchmal schien es uns, als wanderten wir durch unendliche Dome, deren Säulen die Riesenbäume auf beiden Seiten bildeten. Wir sahen kaum eine Menschenseele in diesem Wald und nicht ein einziges Tier. Wir hörten zuweilen das Rufen der afrikanischen Fasane, bekamen sie aber kaum je zu Gesicht und kamen ihnen niemals auf Schußweite nahe. Mit unseren Lebensmitteln war es schlecht bestellt; wir lebten hauptsächlich von gebackenen Bananen, Brot und Tee. Ich bin schon manche Pfade in meinem Leben gewandert; aber Wege wie diese habe ich sonst nie kennengelernt. Auch eine Ziege hätte sich gefragt, wie sie hier wohl durchkommen könnte. Die Hügel waren steil, die Pfade eine ununterbrochene Folge von Löchern und Baumstümpfen, und der Teufel hatte sich in der Nacht und am Morgen redliche Mühe gegeben, sie tüchtig einzuseifen, damit sie recht schlüpfrig würden. So vorsichtig wir auch gingen, und obgleich wir lange Stöcke brauchten, wie sie die Bergsteiger benutzen, fielen wir recht häufig hin. Man dachte an nichts Böses: Plötzlich streckte man die Beine in die Luft, und der Kopf lag auf der Erde, ehe man noch wußte, wie einem geschah. Die Reise dauerte an sich nur elf Tage. Aber mitten auf dem Wege wurden wir in einer Waldlichtung vierzehn Tage aufgehalten, weil unsere Träger sich weigerten, weiterzugehen, und andere nicht zu beschaffen waren. Der Wald ist weder gut für Fieber noch für Rheumatismus; aber Gott hielt wie immer seine Hand über uns."

Den beiden Reisenden wurde schließlich ihr Herzenswunsch erfüllt; sie erreichten Niangara, mitten im Herzen Afrikas, nach einer neun Monate langen, beschwerlichen Reise, während der sie meist in Zelten gewohnt hatten. Über die Reise schreibt Studd: „Wir kamen so oft arg in die Klemme. Aber gerade in der Not fanden wir immer Gott. So schauten wir schon danach aus, ja wir wünschten uns sogar, in die Klemme zu kommen, damit wir sähen, wie Gott uns heraushelfen würde."

Mitten im Herzen von Afrika

Sofort wurde die Arbeit in Niangara in Angriff genommen: Roden, Pflanzen und Bauen. Das erste Missionshaus war in wenigen Wochen errichtet. Es kostete sechs Pfund und wurde Buckingham-Palast genannt. Hier entging Studd mit knapper Not dem Biß einer giftigen Schlange. Er schreibt:

„Gott hält seine Hand schützend über uns. Wir hatten heute morgen gerade unser Frühstück beendet, da kamen die Burschen und riefen: ‚In deinem Bett ist eine Schlange!' Ich ging hin und fand unter meiner Bettdecke eine kleine, grünliche Schlange, deren Biß nach der Aussage der Eingeborenen tödlich ist. Ich hatte die vorige Nacht mit ihr geschlafen. Da wurde ich lebhaft an die beiden Tage im vorigen Januar erinnert, wo mir fünfmal an verschiedenen Orten der 91. Psalm gegeben wurde, unmittelbar vor meiner Abreise. Ja, er hatte seinen Engeln befohlen über mir, und sie hatten über mir gewacht."

In zwei Jahren waren Studd und Buxton in das Herz Afrikas vorgedrungen, hatten dort ihre Arbeit planmäßig eingeteilt und vier Ausgangspunkte für ihre Tätigkeit ausgewählt, die sich auf Hunderte von Meilen erstreckten und acht Stämme berührten. Wie wunderbar hatte Gott das Vertrauen dieser Männer belohnt, die es wagten, nur dem Heiligen Geist zu gehorchen und alles ihm anheimzustellen!

Nun war die Zeit gekommen, das Land in Besitz zu nehmen und für das Evangelium zu gewinnen. Schon war die Nachricht eingetroffen, daß eine Gruppe von fünf Missionaren unterwegs sei. Darum trennten sich Studd und sein junger Gefährte. Studd wollte die Reise fortsetzen, noch einmal 300 Meilen über Bambili hinaus bis zum Kongo reisen, dann 700 Meilen bis zur Mündung des Kongo und von dort nach England fahren, um dort mehr Mitarbeiter anzuwerben. Alfred Buxton wollte die neue Gruppe abwarten, dann die Arbeit in Nala beginnen und fortfahren, die Sprache der Eingeborenen zur Schriftsprache zu gestalten.

Während Studds Abwesenheit wurde am 19. Juni 1915 die erste Taufe in Niangara gehalten. Getauft wurden zwölf Eingeborene. Buxton schreibt:

„Als alle Täuflinge verschiedene Fragen befriedigend beantwortet hatten, gingen wir zum Fluß hinab. Coles führte mir einen nach dem andern zu, und ich taufte sie im Namen des Vaters, des Sohnes und des Heiligen Geistes. Dann sangen wir zusammen: ‚O es war die Liebe!' Das war besonders eindrucksvoll und klang so friedlich und stand in seltsamem Gegensatz zu dem Knall von Coles' Revolver, der ins Wasser schoß, um die Krokodile zu verscheuchen."

In Nala wurde sechs Monate später der erste Taufgottesdienst gehalten. Jeder der achtzehn Täuflinge brachte aus dem Fluß einen großen Stein mit herauf. Die Steine wurden mitten in der Station aufgeschichtet zu einem Malzeichen dafür, daß sich die Täuflinge Gott ergeben hatten. Die Steine sind noch dort und rahmen das Grab des Kindes Noel Grubb ein, eines Enkelkindes von Karl Studd, das in Nala im Jahre 1921 an seinem ersten Geburtstage starb. Alfred Buxton schrieb später:

„Jede dieser Taufen in Nala würde zu einer aufsehenerregenden Schlagzeile im ‚Kriegsruf‘ Anlaß geben: Frühere Menschenfresser, Trunkenbolde, Diebe, Mörder, Ehebrecher und Zauberer gehen in das Reich Gottes ein.‘ Bei den Gottesdiensten, in denen die Sündenbekenntnisse ausgesprochen wurden, hörten wir erschütternde Geständnisse: ‚Ich habe mehr Sünden begangen, als Raum ist in meiner Brust.‘ ‚Mein Vater tötete einen Menschen, und wir haben ihn mit ihm zusammen verzehrt.‘ ‚Ich erinnere mich: Als ich drei Jahre alt war, da hat mein Vater einen Menschen getötet, und weil der meinen Bruder getötet hatte, habe ich mich auch beteiligt, als er gegessen wurde.‘ ‚Ich machte ein Zaubermittel aus den Fingernägeln eines Toten und tötete damit einen Menschen.‘

Jeder, der zu uns kommt, wird mit der Frage begrüßt: ‚Warum bist du gekommen? Ich sage dir frei heraus: Hier ist nicht viel Geld zu holen. Unsere Leute haben alle genug zu leben. Aber unser ganzes Streben ist darauf gerichtet, daß wir die Menschen dahin bringen, daß sie Gott kennenlernen und sein Wort lesen.‘ Trotz dieser Begrüßung haben sie alle, vom ersten bis zum letzten, geantwortet: ‚Wir machen uns nicht das geringste aus Geld. Wir suchen Gott.‘“

Karl Studd hatte manche Prüfungen zu bestehen seit seiner Reise nach Afrika. Am härtesten traf ihn eine Nachricht von zu Hause. Kurz nach seiner Abreise war Frau Studd auf einer Reise nach Carlisle ernstlich erkrankt. Es wurde eine Herzerweiterung um mehrere Zentimeter festgestellt. Tagelang wurde sie nur durch Reizmittel am Leben erhalten. Dann, nach einem Besuch bei Lord Radstock und nach gläubigem Gebet, ging es wieder aufwärts. Aber auch dann war sie nicht völlig geheilt; sie blieb eine Kranke und hatte geringe Aussicht auf fortschreitende Besserung. Der Arzt erklärte, sie „müsse sich für den Rest ihres Lebens in jeder Beziehung ruhig halten". Sie solle jeden Abend um sieben Uhr zu Bett gehen und am folgenden Tag nicht vor der Zeit des zweiten Frühstücks aufstehen.

Aber dieser ärztliche Entscheid konnte sie nicht hindern, für den neuen Kreuzzug tätig zu sein. Ihr stand das Beispiel ihres Mannes vor Augen und sein Glaubenssieg über alle körperliche Schwäche. Mehr als das: Gott hatte sie gerufen. Sie wußte jetzt, Gott war es, der ihren Mann dazu gebracht hatte, den Kreuzzug zu beginnen, und Gott rief sie, daß sie in diesem Kreuzzug Seite an Seite mit ihm kämpfte. So beachtete sie ihren Zustand nicht und nahm in der Heimat die Zügel in die Hand. Zunächst hielt sie sich noch dem Buchstaben nach an die ärztlichen Vorschriften über die Zeit des Aufstehens und Zubettgehens. Aber als die Arbeit, die sie übernommen hatte, sich häufte, setzte sie sich über alle Vorschriften hinweg. Später stürzte sie sich mit aller Kraft in die Arbeit, wie wir noch sehen werden.

Von ihrem Krankenbett aus bildete Frau Studd Gebetsgemeinschaften, gab in einer Auflage von tausend Exemplaren monatlich erscheinende Flugschriften heraus, schrieb oft zwanzig bis dreißig Briefe täglich, entwarf die ersten Ausgaben des Missionsmagazins der Inner-Afrika-Mission in ihrer ursprünglichen Gestalt und gab sie heraus. Ihre Töchter halfen ihr bei der Arbeit. Der erste Vorsitzende des Komitees (bis zu seinem plötzlichen Tode ein Jahr später) war Martin Sutton, der Mann ihrer Tochter Grace. Edith und Pauline lebten bei ihrer Mutter und halfen ihr in verschiedener Weise. So fand Studd, als er Ende 1914 heimkehrte, ein gut funktionierendes Hauptquartier in Upper-Norwood, einem südlichen Vorort von London, Highland Road 17, und die Arbeit in der Heimat gedieh gut.

Wieder bewährte sich das Wort, daß die göttliche Torheit weiser ist, als die Menschen sind. In zwei Jahren war das Innere Afrikas erschlossen worden von einem Mann, dessen Gesundheit zerrüttet war, und die Missionsarbeit in der Heimat wurde von einem Krankenlager aus geleitet. So entsprach die Innerafrika-Missionsgesellschaft genau dem Plane Gottes, der nur eins zu seiner Durchführung verlangt: nicht Gelehrsamkeit, nicht Talent, weder Jugend noch Kraft, sondern nur *Glauben*. Was von Abraham und Mose gilt, das gilt auch von Studd: „Durch den Glauben" wurde er das, was er war.

Zum letzten Male reiste Studd in seinem Heimatlande hin und her. Er warb dringend bei den Kindern Gottes, daß sie sich aufmachten und für die gefährdeten Seelen kämpften und Opfer brächten. Er entfaltete für dieses Anliegen mindestens so viel Eifer und Heldentum wie die Teilnehmer an dem großen Krieg, der seinen Höhepunkt erreicht hatte. Er lehnte es ab, sich zu schonen. Selten trat jemand für die Sache der Heiden so ein wie er. Er war schwach und verbraucht von seinen langen Reisen und litt beständig unter Malariaanfällen. Zuweilen ging er mit Fieber auf die Rednerbühne, und während seiner Predigt sank dann die Temperatur auf das Normale. In Colwyn Bay schreibt er zum Beispiel:

„2. November 1915. Mein Gastgeber Hughes Jones brachte mir einen Arzt, der mir verbot, an diesem Abend auszugehen und zu sprechen. Er erklärte, ich müsse sofort heimgehen. Ich lachte und sprach anderthalb Stunden lang. Am folgenden Tage sprach ich in Carnarvon zwei Stunden. Dann hatte ich in Bangor drei Versammlungen und dann im Aberystwyth. O diese Bahnfahrten, so langsam und so kalt! Aber Gott ist immer da."

Studd nahm auch die Sache der Zeitschrift in die Hand und verfaßte die aufrüttelndsten Aufrufe. Er schrieb:

„Es gibt doppelt soviel Pfarrer und Prediger daheim für die vierzig Millionen friedlicher evangelischer Einwohner Großbritanniens, wie die ganze Anzahl der christlichen Streitkräfte beträgt, die an der Front unter den 1200 Millionen Heiden kämpfen. Und doch nennen sie sich Kämpfer für Christus! Ich möchte einmal wissen, wie die Engel sie nennen. Die ‚Laßt-uns-die-Briten-zuerst-retten-Brigade‘ sind die würdigen Nachfolger der ‚Ich-bitte-dich-entschuldige-mich-Apostel‘.

Christus ruft uns, die Hungrigen zu speisen, nicht die Satten; die Verlorenen zu retten, nicht die Verstockten; nicht die Spötter zur Buße zu rufen, sondern die Sünder; nicht in der Heimat ansehnliche Kapellen, Kirchen und Dome zu bauen und auszustatten, in denen Christen durch liturgische Gebete und künstlerische musikalische Darbietungen in den Schlaf gewiegt werden, sondern lebendige Kirchen aufzurichten aus Seelen unter den Verlassenen, Menschen den Krallen des Teufels zu entreißen und sie direkt aus dem Rachen der Hölle zu erretten, sie für Jesus zu werben und auszubilden und aus ihnen ein Heer des allmächtigen Gottes zu machen. Aber diese Aufgabe kann nur durch eine glühende, von konventionellen Fesseln befreite Religion des Heiligen Geistes erfüllt werden, wo weder Kirche noch Staat, weder Menschen noch Traditionen verehrt und gepredigt werden, sondern nur Christus, und zwar der gekreuzigte. Wir wollen Christus nicht bekennen durch Luxusketten, Talare, silberne Bischofsstäbe oder goldene Kreuze an den Uhrketten, durch Kirchtürme und reichgestickte Altardecken, sondern durch rücksichtslosen Opfermut und Heldentum in den vordersten Gräben.

Wenn wir mit Welt und Teufel im Kampf stehen, dann ist es nicht mit nettem, niedlichem Bibelkonfekt getan. Das wäre, als wollte man Löwen mit dem Blasrohr schießen. Da braucht man Männer, die ihrer selbst nicht achten und rechts und links Stöße austeilen, so hart man stoßen kann, und dabei auf den Heiligen Geist vertrauen. Die Erfahrung ist es, nicht die Predigt, die den Teufel verletzt und die Welt erschüttert. Denn die Erfahrung ist unwiderleglich. Die Ausbildung muß nicht auf den Schulen, sie muß auf dem Markt des Lebens erworben sein. Das glühende, freie Herz und nicht der ausgeglichene Verstand schlägt den Teufel. Nur Christen, deren Feuer hell

57

leuchtet, zählen. Wer seinen weltlich guten Ruf verloren hat, der ist am besten vorbereitet für den Dienst für Christus.

Ich bin mehr als je entschlossen, keine andere Grenze und Schranke für unsere Arbeit gelten zu lassen als die, die der Herr selbst gesetzt hat: ‚bis ans Ende der Welt‘, ‚aller Kreatur‘.

Es ist schwer zu glauben, daß er solche dürftigen Wichte wie uns in seinem Dienste ertragen kann. Aber natürlich liegt ihm mehr an der Torheit des Glaubens als an Talent und Bildung. Bei Gott kommt es auf das Herz an. Irgendeine alte Rübe kann den Kopf ersetzen. Solange wir leer sind, ist alles gut. Dann kann er uns mit seinem Heiligen Geist erfüllen.

Die Feuertaufe mit dem Heiligen Geist verwandelt sanfte, weiche Christen in feurige, heldenhafte Streiter für Christus. Die rücken vor und kämpfen und sterben. Nur nicht stehenbleiben! Laßt uns den Himmel stürmen! Wenn jemandem etwas zustößt, dann stürzt er in die Arme Jesu. Solch ein Unfall ist eine auserlesene Segnung Gottes.

Wer auf Jesus schaut, der wird in seinen eigenen Augen wie eine Heuschrecke sein; aber der Teufel wird ihn als gefährlichen Gegner fürchten.

‚Folge mir nach!‘ sagt Jesus. Wir antworten: ‚Ja, Herr!‘ Aber wir vergessen, daß Christus nicht das Seine suchte, sondern daß er freiwillig arm wurde, um andere zu retten, und daß er so der erste Heidenmissionar wurde. Wir alle beten, Jesus ähnlich zu werden. Aber wir lehnen es ab, den Preis dafür zu zahlen. Wie kann ein Reicher Jesus ähnlich werden? Die Brosamen vom Tische der Reichen sind nicht das würdige Mahl, das man dem König Jesus vorsetzen darf.

> Leb’, wer da will, in dem Bereich
> von Kirche und Kapellen!
> Ich ziehe vor ein Rettungswerk
> bis an den Rand der Höllen.“

Im Juli 1916 war alles für Studds Rückkehr nach Afrika vorbereitet. Eine Gruppe von acht Missionaren war ausgerüstet. Zu ihnen gehörte seine Tochter Edith, die hinauszog, um Alfred Buxton zu heiraten. Am 14. Juli war ein großer Abschiedsgottesdienst für die ausziehenden Missionare.

Weder Studd noch seine Frau dachten im entferntesten daran, daß er sich jetzt für immer von England verabschiedete und daß es auch für sie beide fast ein Abschied fürs Leben sein sollte. In den nächsten dreizehn Jahren sollten sie nur noch einmal vierzehn Tage zusammen sein, bis sie vor dem Throne Gottes auf immer vereint wurden.

Karl Studd unter den Eingeborenen

Die Gesellschaft reiste an der Westküste Afrikas entlang bis an die Mündung des Kongo. Zuerst fuhren sie 700 Meilen auf einem Flußdampfer, dann zogen sie 300 Meilen zu Fuß durch den Wald. Die Ankunft in Nala war für Studd ein Erlebnis, das ihn aufs tiefste bewegte. Zwei Jahre vorher hatte er eine Station verlassen, die sie gerade übernommen hatten, einige wenige einsame Häuser mitten in einem Palmenwald. Er schreibt:

„In Nala wurden wir wunderbar aufgenommen. Es war eine ungeheure, freudig bewegte Menge. Zwei Jahre hatten sie auf mich gewartet. Ihre Hoffnung hatten sie immer wieder vertagen müssen. Darüber waren sie manchmal fast krank geworden vor Sehnsucht. Und einige hatten sich schon darein ergeben, ich werde nie zurückkommen. Aber wenn die lange getäuschte Hoffnung sich dann verwirklicht, werden die Herzen wunderbar stark. Die Eingeborenen, und zwar Christen und Heiden, kamen uns eine große Strecke entgegen. Der liebe alte Sambo, der erste Bekehrte in Nala, war eine Tagereise gekommen, um mich willkommen zu heißen. Es war wie bei dem feierlichen Einzug eines neuen Oberbürgermeisters. Vier Männer trugen auf ihren Köpfen eine mächtige Holztrommel wie sie bei den Eingeborenen üblich ist. Oben darauf saß ein kleiner Negerjunge, der sie aus Leibeskräften schlug. Dann gab es Hörner und Gesänge, die wundervoll zusammenstimmten, und ein Händeschütteln mit dem „Nalagriff", der von nun an der Händedruck der Kreuzzugritter werden muß. Zuerst schüttelt man sich die Hand wie gewöhnlich; aber bevor man endgültig losläßt, umfaßt man mit der ganzen Hand den Daumen des andern. Das ist ganz lustig, es erinnert an die berühmten beiden Schlangen, die sich gegenseitig die Schwänze verzehren. So marschierten wir stracks zu dem Hause, das sie für mich errichtet hatten. Dort sangen wir, wir auf den Stufen und sie im Halbkreis um uns, einen Lobpreis zu Ehren Gottes. Darauf genoß ich wieder einmal den Luxus eines Bades.

Ich war überwältigt von der Stille der Eingeborenen beim Gebet. Ihre feierliche Haltung stand in umgekehrtem Verhältnis zu der Bequemlichkeit ihrer Sitze. Denn diese Sitze bestanden aus einfach zusammengezimmerten Bänken, und zwar nicht aus Planken, sondern aus drei im Abstand von je einem Zoll nebeneinandergelegten Stangen. — Es gab jetzt insgesamt rund sechzig Christen in Nala; sie standen nicht alle auf derselben Stufe; aber mit denen in den Heimatgemeinden konnten sie sich wohl messen. Ich hatte damals den Eindruck und habe ihn seitdem bestätigt gefunden, daß wirklich feine Menschen darunter waren; nicht einer glich dem andern. Wenn ich an die Zeit vor drei Jahren zurückdachte, als Alfred und ich allein herkamen, dann muß ich in der Tat bekennen: Es ist ein Wunder vor meinen Augen."

Darauf machten sie schnell einen Besuch in Niangara, und dann fand die erste Hochzeit von Weißen in Innerafrika statt. Vier Jahre lang war Alfred Buxton gewissenhaft auf seinem Posten geblieben, trotz dringender Rufe, heimzukommen und seine Braut zu holen. Über die Hochzeit schreibt Studd:

„Der Beamte konnte nicht herkommen, um Alfred und Edith zu trauen. So mußten wir für fünf Tage nach Niangara gehen. Ich werde nie vergessen, wie mir, als wir die Brücke des nahen Nalaflusses überschritten, mit Macht die Worte in den Sinn kamen: ‚Ich hatte nicht mehr als diesen Stab, da ich über diesen Jordan ging, und nun bin ich zwei Heere geworden.' Denn waren wir jetzt nicht unser vier, die nach Niangara gingen, mit einer Schar von eingeborenen Christen? Und ließen wir nicht zehn andere Missionare mit den andern Christen zurück?

Der Gottesdienst war schön und nicht allzu lang. Die Kapelle war voll. Und Braut und Bräutigam sahen so stattlich und hübsch aus, als hätte die Hochzeit in der St.-Georgs-Kirche auf dem Hannover-Square stattgefunden."

Mit welcher Freude ging Studd jetzt von neuem ans Werk! Nala machte er zu seinem Hauptquartier, seine Mitarbeiter verteilte er, um die drei andern strategischen Mittelpunkte der Welleprovinz, Niangara, Poko und Bambili, zu besetzen. So hatte er seine Posten an den vier Ecken eines recht ungefügen Quadrats, das ungefähr halb so groß war wie England und in dem etwa zehn Stämme wohnten. In einem Brief vom April 1917 schreibt er:

„Unser Missionswerk hier ist ein Wunder. Es übersteigt meine Fassungskraft. Überall zeigt sich der Finger Gottes. Als zwei Fremde kamen wir hier vor 3½ Jahren an; die Eingeborenen waren in unbeschreibliche Sünde versunken. Die Sprache mußte erlernt werden. Und jetzt sind bereits hundert Bekehrte getauft. Viele Häuptlinge fangen schon an, Schulen und andere Gebäude in ihren Dörfern zu bauen, damit wir kommen und sie lehren. Überall finden wir eine offne Tür für uns und unsere eingeborenen Christen.

81 sind gerade getauft worden. Wir hielten schon einige Tage vor der Taufe Taufgottesdienst ab. Einige,

besonders die, in denen die Taufbewerber ihre Sündenbekenntnisse ablegten, waren bedeutungsvoll und zum
Teil recht düster. Ich höre, daß es Leute gibt, die gern die
dunklen Seiten der Missionsarbeit kennenlernen möchten.
Die sollten einmal herauskommen und die Sündenbekenntnisse der Bekehrten hören. Ich glaube, es gab nicht
zwei, die nicht bekannt hätten, häufig Ehebruch verübt
zu haben. Zauberei war auch allgemein üblich. Unter
diesen Leuten werden Ehebruch und Unzucht als selbstverständlich angesehen. Man denkt nicht daran, sie
als Sünde aufzufassen. Könnt Ihr Euch eine schwache
Vorstellung von der Lage der Dinge machen, wenn die
öffentliche Meinung für die Sünde Partei nimmt und
solche Anschauungen sich in Hunderten von Jahren von
Geschlecht zu Geschlecht festgesetzt haben? Wenn viele
Menschenalter hindurch Selbstzucht weder gekannt noch
geübt worden ist, sinkt das Leben der Menschen unter den
Stand der Tiere. Nun könnt Ihr Euch vielleicht vorstellen,
was eine Bekehrung bedeutet. Es ist wirklich, wie Paulus
es nennt, eine neue Kreatur, nicht bloß eine Wiederherstellung der Kreatur. Dann muß man auch bedenken, daß
die Sünde der einzige Zeitvertreib ist, den sie haben, das
einzige, wofür sie zu leben scheinen. Wenn eine Bekehrung
in der Heimat schon ein Wunder ist, so ist eine Bekehrung
hier noch ein tausendmal größeres Wunder.

Am Tage vor der Taufe legten alle noch einmal feierlich ihr Glaubensbekenntnis ab und gelobten, aller Sünde
zu entsagen und ihres Heilandes würdig zu wandeln.
Hier gebe ich das Zeugnis eines Mannes Jabori wieder,
der der von den Toten Auferstandene hieß. Ihr könnt
Euch denken, wie wir bei diesem Ausdruck die Ohren
spitzten; denn dort vor uns saß dieser Jabori, einer von
den Taufbewerbern. Als wir uns nach der Angelegenheit
erkundigten, fanden wir viele andere, die die Tatsache
bezeugten, und schließlich erzählte Jabori vor allen Anwesenden seine Geschichte:

,Ich war ein großer Krieger. Ich wurde immer von den

Belgiern ausgesandt, um die Dörfer und die Häuptlinge zu erobern, deren Unterwerfung sie wünschten. Eines Tages wurde ich schwer krank, verlor das Bewußtsein und starb. Meine Freunde hatten mein Grab geschaufelt und wollten mich gerade hineinlegen, als ich aufstand und sagte: Ich habe Gott selbst gesehen, und er hat mir gesagt, daß in kurzer Zeit die Engländer kommen und uns alle Kunde über den wahren Gott und über die Wahrheit bringen werden. Ich habe diese Vision vielen Leuten erzählt, die darüber sehr betroffen waren. Deshalb pflegten die Leute von Gott als von dem Engländer zu sprechen!' All das wurde von vielen Anwesenden bestätigt. Gott schickt noch heute, wie in Matthäus 1 erzählt wird, Träume als seine Boten.

Aber wenn der Tag der 81 Taufen ein großer Tag war, so sollte ein noch größerer folgen. Der beste Wein kam zuletzt. Vorigen Januar zogen fünfzehn bis zwanzig Mitglieder der Eingeborenenkirche aus, um freiwillig für drei Monate in den Bezirken ringsum zu predigen. Sie erhielten für die drei Monate die fürstliche Summe von drei Franken pro Kopf für Kost, Verpflegung, Reiseauslagen und Nebenausgaben. Trotzdem lieferten einige von ihnen bei ihrer Rückkehr nach Nala einen Franken, andere einen halben Franken an die Kirchenkasse ab, aus der ihr Gehalt bezahlt worden war. Aber das nächstemal begehrten fünfzig andere, zur Predigt ausgesandt zu werden. Das war uns eine Lehre, wie man in diesen Gegenden Mission zu treiben hat. Von uns weißen Missionaren hat jeder fünf Träger nötig zur Beförderung seines Reisebedarfs; sie nahmen selber mit, was sie brauchten. Jeder Mann oder jede Frau trägt ein Bett, das aus einer Grasmatte besteht; dazu kommt eine dünne Bettdecke, wenn sie die überhaupt haben. Das einzige Frühstückskörbchen, das sie besitzen, hängt unsichtbar an ihrem Gürtel, daneben ein Dschungelmesser und ein Becher. Ein selbstverfertigter Strohhut und ein Lendenschurz vervollständigen die Ausrüstung des eingeborenen Missionars in Innerafrika.

Eine unvorbereitete letzte Versammlung fand unter dem Mangobaum statt. Die letzten Weisungen, die ich ihnen gab, lauteten:

1. Wenn ihr nicht dem Teufel am Tage begegnen wollt, so begegnet Jesus vor Anbruch des Tages!

2. Wenn ihr nicht wollt, daß der Teufel euch schlägt, dann schlagt ihn zuerst! Und schlagt ihn mit all eurer Kraft, so daß er gelähmt ist und nicht zurückschlagen kann! Die Predigt des Wortes ist die Waffe, die der Teufel haßt und fürchtet.

3. Wenn ihr nicht fallen wollt, so marschiert, und marschiert geradeaus, und marschiert mit festem Schritt!

4. Drei von des Teufels Jagdhunden sind aufgeblähter Verstand, Trägheit und Begehrlichkeit.

Nach dem Schlußgebet sprangen sie auf und fragten: ,Wie lange sollen wir fortbleiben?' Ich antwortete: ,Wenn ihr müde werdet, so kehrt nach einem Monat um; wenn nicht, nach zwei Monaten! Wenn ihr drei Monate durchhaltet, ist es sehr gut. — ,O nein', antwortete einer mit strahlendem Gesicht, verzog dabei den Mund wie ein Ochsenfrosch und lachte gurgelnd wie ein Truthahn: ,Ich werde nicht vor einem Jahr zurückkehren.' Und ein anderer fuhr fort: ,Mich werdet ihr nicht vor Ablauf von achtzehn Monaten wiedersehen.' Dann zogen sie ab mit dem Gesang:

> Ich liebe Jesus Christus,
> und Jesus liebet mich.
> Was ficht mich in der Welt sonst an?
> So große Freud' erfüllet mich.
>
> > Halleluja!

Bei ihrer Rückkehr beschrieben sie ihre Reisen und Beschwerden. Und was sie sagten, wurde bewiesen durch den zerfetzten Zustand ihrer wenigen Kleidungsstücke, die sie besaßen. Aber Sambo, der erste Bekehrte von Nala, sagte: ,Das waren alles Äußerlichkeiten, und sie konnten die innere Freude, die uns beseelte, nicht schmälern.'"

Inzwischen hatte sich eine neue Tür geöffnet, die Tür in die Ituriprovinz. Als Studd vom Kongo nach Nala kam, war er veranlaßt worden, auf einem sonst nicht begangenen Wege zurückzukehren. Bei einem Aufenthalt besuchte ihn ein Häuptling und bot ihm eine beträchtliche Fläche Grund und Boden an, wenn er zu ihnen käme und sie lehrte. Dieses Stück Land erwies sich als der liebliche Hügel von Deti, von dem aus man meilenweit in die Runde eine großartige Aussicht über Wald und Steppe hat. Das wurde die erste Missionsstation in der Ituriprovinz, und von hier aus entwickelte sich die Mission unter den Ituri, die nach der Zahl der Bevölkerung und nach ihrer Aufnahmebereitschaft für das Evangelium die Arbeit in der Welleprovinz in jeder Hinsicht übertroffen hat. Einer der ersten, die sich bekehrten, war der Blinde Ndubani. Den hatten seine Gegner geblendet, indem sie ihm roten Pfeffer in die Augen rieben, damit er nicht Häuptling werden könnte. Dieser Ndubani hatte einst einen Traum: Am Ende einer Straße, auf der er dahinschritt, sah er Flammen auflodern, und eine Stimme sprach zu ihm: „Warte auf den weißen Mann mit dem Buch, der wird dir sagen, wie du den Flammen entgehen kannst." Seit seiner Bekehrung ist er immer ein treuer Zeuge gewesen; er tappte, von seinem Sohne geführt, seinen Weg durch die Dörfer und predigte das Evangelium. Der große Häuptling dieses Gebiets, Abiengama, war Kannibale und hatte noch vor kurzem vierzehn eingeborene Träger gefangen und gegessen. Aber als seine Hauptfrau zum ersten Male von dem großen Gott der Liebe hörte, rief sie aus: „Das habe ich immer gesagt: Einen solchen Gott muß es geben."

Drei Jahre eifriger Arbeit waren vergangen, da mußte Studd sich von seinem Timotheus Alfred Buxton verabschieden, der zur Erholung in die Heimat reiste. Sechs Jahre hatten sie zusammen gearbeitet. Alfred war ihm gewesen wie „ein Kind dem Vater, so hat er mit mir gedient am Evangelium". Wo gab es noch einen jungen

Mann, der mit erst zwanzig Jahren in das Herz eines wilden Landes eindrang, dort für zwei Jahre allein gelassen wurde, eine Schriftsprache schuf und die erste christliche Kirche baute unter einem unwissenden, halbnackten und hoffnungslos verdorbenen Volk? Karl Studd hatte schon nach ihren ersten Missionsreisen in die Heimat geschrieben:

„Alfreds sorgfältiger Pflege verdanke ich gewiß nächst Gott mein Leben. Sicher hat nie eine Mutter behutsamer und wirksamer ihr Kind gepflegt als er mich. Fast zwei Jahre lebten wir miteinander in der engsten Verbindung; wir wohnten in derselben Hütte und fast immer im gleichen Zelt und gleichen Zimmer. Alfred war mir stets ein treuer Sohn und Herzensfreund in vielen Prüfungen, in Krankheiten und Schmerzen, in Verlassenheit und angesichts der mancherlei boshaften Anfeindungen des Teufels, die niemand erspart bleiben, der gegen seine noch unbezwungenen Bollwerke Sturm läuft. Welche innige Kameradschaft, welche Freude und Liebe uns aus unserer geselligen und geistlichen Gemeinschaft erwachsen ist, läßt sich mit Worten nicht beschreiben. Das weiß Gott allein."

Unterstützung kam im Frühjahr 1920. Frau Studd und das Heimatkomitee fühlten so sehr, wie notwendig es sei, Verstärkung zu schicken, daß sie sich zum Gebet wandten. Und obgleich sie noch niemand wußten, der bereit war zu gehen, sandten sie im Sommer 1919 im Vertrauen auf Gottes Hilfe ein Telegramm ab: „Verstärkungen reisen dieses Jahr ab." Gott erhörte sie. Sieben Tage vor Jahresschluß reiste die erste Gruppe ab. Dazu gehörte auch Studds Tochter Pauline und ihr Gatte, Norman Grubb. Dieser Gruppe folgten im Lauf von ein bis zwei Monaten noch zwei weitere Gruppen. Jetzt waren ja alle Männer vom Kriegsdienst befreit. Von dieser Zeit an meldeten sich ständig weitere Freiwillige für den Missionsdienst, so daß die Zahl der Mitarbeiter innerhalb von drei Jahren von sechs auf nahezu vierzig stieg.

Währenddessen hörte Studd immer dringender den Ruf

von den Missionsfeldern in der Umgegend. Er hatte niemals jene Mengen von Menschen vergessen, die ihn lärmend umringt hatten, als sie zum ersten Male auf ihren Rädern durch den Ituriwald fuhren. Nun empfing er Berichte von eingeborenen Evangelisten und auch von Missionaren, daß Tausende nach der Lehre des Evangeliums verlangten. Als Alfred Buxton im Jahre 1921 auf das Missionsfeld zurückkehrte, wurde es Studd möglich, sein Werk weiter auszudehnen. So erfüllte ihn von neuem die Freude des bahnbrechenden Missionars. Er wandte sein Gesicht vorwärts auf das weite Erntefeld der Ituriprovinz.

Der Gott der Wunder

Am Tage, nachdem Studd im Jahre 1916 nach Afrika zurückgereist war, erhob sich seine Frau in der Kraft des Glaubens. Wir wissen nicht, ob sie es auf den Brief hin tat, in dem ihr Mann sie dringend gebeten hatte, für ihre Gesundheit auf Jesus zu vertrauen wie einst in China. Aber sie tat es. Sie stand im Glauben von ihrem Krankenlager auf und kehrte nicht mehr dahin zurück. Studd schreibt darüber an Alfred Buxton:

„Mutters Wiederherstellung ist das größte Wunder, das ich kenne. Ich kann nicht sagen, welche Freude ich darüber empfinde. Sie ist jetzt wieder, wie sie in China war. Ich habe nie einen Menschen gesehen — weder Mann noch Frau —, der ihr gleichkäme, wenn sie etwas in die Hand nimmt. Sie hat solche Tatkraft, solche Einsicht und solchen Glauben, daß sie jeden gewinnen kann." Und später schrieb er:

„Sicherlich wartete Gott auf eine einfache Glaubenstat, um einen Segensstrom auf sie herabfließen zu lassen. Dieser Strom kam gerade am Tage nach meiner Abreise über meine Frau. Und seitdem ist sie ein anderer Mensch. Alle Krankheit war von ihr gewichen; sie glich dem Sturm;

sie wurde leitende Sekretärin der Mission und übernahm daneben noch viele andere Aufgaben. Gott führte sie nach den Vereinigten Staaten von Nordamerika, nach Kanada, Australien, Neuseeland, Tasmanien und Südafrika. Ein Wirbelwind bewegte ihr Leben. Sie hatte keinen andern Gedanken mehr, als Seelen zu retten und für ihre Kinder zu sorgen."

Es gab keinen besseren Redner für die Mission im Heimatland. Sie sprach, als hätte sie alle Erlebnisse ihres Gatten in Afrika miterlebt. Wenn sie etwas schilderte, malte sie es nicht bloß mit Worten aus; in ihrer Darstellung waren Blut und Feuer; die Worte kamen nicht aus einer klugen Einbildungskraft, sondern aus einem blutenden Herzen. Täglich opferte sie Christus und den Heiden den Einen, der ihr lieber war als ihr Leben. Sie trug täglich ihr Kreuz, von dem niemand wußte: die Entfernung, die sie trennte, die Sehnsucht nach seinem Mitgefühl und seinem Rat bei der Arbeit, die Angst, wenn jede Post von Mühen, Schwachheit und Fieber berichtete, die Unmöglichkeit, bei ihm zu sein und ihm zu helfen. Fürwahr, die Gründer der Innerafrika-Mission gingen den Weg Christi: „Es sei denn, daß das Weizenkorn in die Erde falle und ersterbe, so bleibt's allein; wo es aber erstirbt, so bringt es viele Früchte." Laufbahn und Vermögen waren gleich im Anfang geopfert worden; jetzt folgten Gesundheit, Heim und Familienleben. Wahrlich, Studd konnte von sich sagen: „Ich habe mein Leben durchforscht und finde nichts mehr, was ich dem Herrn Jesus noch opfern könnte."

Viele, die Frau Studds Ansprachen bei den Jahresversammlungen hörten, werden sie nie vergessen, und manche hörten aus ihren Worten den Ruf Gottes. Eine Ansprache war überschrieben: „Fünf gedrängte Minuten aus einer tollen Mission." Darin führte sie aus: „Hört diesen Auszug aus dem Briefe eines Freundes: ‚Wir lesen mit Interesse euer Magazin. Ihr seid, menschlich gesprochen, eine der tollsten Missionsgesellschaften, die es je gab. Aber wenn Normalsein Modernismus bedeutet und nicht Seelenrettung, dann möge Gott euch geben, daß ihr nie normal werdet.' Und dazu stehen wir alle."

In dem Hause Upper-Norwood, Highland Road 17, hatte Gott Herrn und Frau Studd schon ein Hauptquartier für die Mission gegeben. Karl Studd sah eine deutliche Führung Gottes darin, daß er dieses Haus im Jahre 1913 gekauft hatte, als man an die Missionsgesellschaft überhaupt noch nicht dachte. Eine Zeitlang war dort das Missionshaus mit seinen Geschäftsräumen vorzüglich untergebracht. Aber als die Arbeit sich ausdehnte, wurde es für die Gäste, die Missionskandidaten, die zurückkehrenden Missionare und die Mengen von Schriften zu klein. Darum wurde im Jahre 1921 das Hauptquartier vergrößert durch ein vorzüglich geeignetes Gebäude im eigenen Garten, mit sieben Räumen und einem großen Speicher, der sich als Raum für Gebetsversammlungen mit fünfzig Sitzplätzen einrichten ließ. Die jährliche Miete dafür betrug nicht mehr als für einen Raum in der City.

1919 trat Gilbert Barclay, Gatte von Studds Tochter Dorothea, als Inlandinspektor in die Arbeit ein. Das war nicht nur eine außerordentliche Hilfe für Frau Studd, sondern es bedeutete auch den Beginn einer neuen Epoche für die Mission. Karl Studds Blick war ja von Anfang an auf „jedes unevangelisierte Land" gerichtet. Aber bisher hatte man sich doch auf den ersten Schritt beschränkt, auf Innerafrika. Gilbert Barclay stellte bei seinem Eintritt die Bedingung, daß der Kreuzzug jetzt eine weltweite Bezeichnung bekommen sollte und daß auch andere Länder sofort in Angriff genommen werden müßten, sobald Gott dazu die Weisung und die Möglichkeit gebe. Es wurde die Bezeichnung „Weltweiter Evangelisations-Kreuzzug" gewählt, und jedes besondere Missionsfeld sollte seine eigene Bezeichnung führen. Durch Zeitschriften und persönliche Werbung wurde die Aufmerksamkeit auf die Nöte anderer Länder gelenkt. Das Ergebnis war, daß im Jahre 1922 drei junge Männer auf dem zweiten Felde des Kreuzzugs ihr Werk beginnen konnten: Die Mission des inneren Amazonasgebiets wurde gegründet. Diese Mission galt den roten Indianern jener Gegend, einem der schwierigsten Missionsprobleme der Welt. Es handelt sich hier um einen versprengten Rest einer einst mächtigen Rasse. Jetzt leben sie nackt, oft in blutdürstiger Wildheit in den weiten Wäldern des Amazonasstroms und sind dort vergraben wie Nadeln in einem Heuschober. Aber auch jeder von ihnen hat eine unendlich kostbare Seele, die Christus mit seinem Blut erkauft hat. Der Bericht darüber, wie einige von diesen Stämmen aufgesucht wurden und wie die Verkündigung des Evangeliums unter ihnen zustande kam, ist ein christliches Heldenlied. Das Unternehmen, den Guajarastamm zu erreichen, kostete Fenton Hall das Leben; aber drei junge Australier sprangen sofort in die Bresche, und zehn Jahre später brachten bekehrte Guajara mit Teilen der Heiligen Schrift in ihrer eigenen Sprache hier und da in verstreuten Dörfern ihren Landsleuten das Evangelium.

Kenneth Grubb und Harold Moris wurden gemartert und verhungerten fast beim Versuch, die Arbeit unter den Parentintins zu beginnen, 1200 englische Meilen stromaufwärts am Amazonasstrom. Aber sie hielten stand, und vier Jahre lang lebten Missionare unter diesem Stamm, bis er so dahinschwand, daß die Missionare sich ein anderes Arbeitsfeld suchen mußten.

Allmählich wurde die Arbeit im Amazonasgebiet verstärkt. Zur Zeit von Karl Studds Tod gab es dort eine Gruppe von etwa sechzehn Missionaren mit einem Hauptquartier und Stationen unter drei Stämmen. Heute ist das Werk selbständig; aber die Mission unter den Indianern und unter den Brasilianern geht weiter.

Das dritte Missionsfeld war Zentralasien. Nur zwei Männer, Jock Purves und Rex Bavington, gingen über die Nordgrenze Indiens. Sie arbeiteten dort in enger Arbeitsgemeinschaft mit der von Oberst G. Wingate begründeten Zentralasiatischen Missionsgesellschaft. Sie überschritten einen über fünftausend Meter hohen Paß des Himalajagebirges und kamen in das einsame Land von Klein-Tibet, wo außer Missionaren noch nie ein Europäer gelebt hatte. Sie wohnten dort nach Art der Eingeborenen unter den Baltis; das ist ein armes, halbverhungertes, vernachlässigtes und schmutziges Volk, das sich auf den unfruchtbaren Bergabhängen mühsam seinen kärglichen Lebensunterhalt sucht. Von diesen fanatischen Mohammedanern bekehrten sich nur zwei, aber viele andere sind suchend. Weitere Gebiete wurden in Angriff genommen und mußten vorübergehend wieder aufgegeben werden.

Mit der zunehmenden Ausbreitung des Werkes wuchsen auch die eingehenden Gaben. Norman Grubb, der Schwiegersohn und spätere Nachfolger Karl Studds, konnte feststellen, daß der Herr in den ersten zwanzig Jahren des Kreuzzuges das fünffache des Betrags zurückgab, den Studd in China geopfert hatte.

Wie Gott den Heiligen Geist gab

Als Karl Studd noch in China war, hatte Booth-Tucker an ihn geschrieben: „Denken Sie daran: Seelen zu retten ist verhältnismäßig leicht. Es ist nicht annähernd so schwierig wie die Aufgabe, diese Geretteten zu Heiligen, Gottesstreitern und Rettern zu machen." An diese Mahnung wurde Studd bei seiner Arbeit im Innern Afrikas erinnert. Während seines Aufenthalts in Nala hatte er zuerst eine Zeit erlebt, wo viele auf seinen Ruf hörten und die Taufe begehrten. Aber dann erlebte er manche Enttäuschung. Offensichtliche Sünden machten sich breit: Trägkeit und Selbstsucht, auch unter Führern in der christlichen Gemeinde und bei den Evangelisten. Es war deutlich geworden, wie nötig sie einer Ausgießung des Heiligen Geistes bedurften. Nun stand er derselben Lage in der Provinz Ituri gegenüber. Von Beginn seiner missionarischen Laufbahn an hatte er sich nie mit oberflächlicher Arbeit zufriedengegeben. Schon im Anfang war er

erschüttert gewesen, wenn er in China berühmte Missionsstationen besuchte und bei näherem Einblick feststellte,
wie wenig dort von einem tieferen Wirken Gottes zu
spüren war. Jetzt trat ihm dieselbe Erfahrung bei seinem
eigenen Werk entgegen. Da nahm er sich vor, er wolle
Gott und den Menschen keine Ruhe lassen, bis der Heilige
Geist über sie komme. Nach der Schrift und nach seiner
eigenen Erfahrung erklärte er einen Glauben für unecht,
wenn er nicht Werke hervorbringe.

Mit dem Maßstab der biblischen Forderungen maß
Studd nun die Tausende um Ibambi, die sich zum Christentum bekannt hatten.

„Wir sind sehr unzufrieden mit dem Zustand in der
Eingeborenenkirche. Es ist ja ganz schön, Lieder zu singen
und zum Gottesdienst zu kommen. Aber was wir sehen
müssen, das sind Früchte des Geistes, ein verwandeltes
Leben, ein neues Herz, ein Haß gegen die Sünde und ein
leidenschaftliches Verlangen nach Gerechtigkeit. Gott
kann es wirken, und wir dürfen uns nicht mit weniger
zufriedengeben. Wir brauchen ein Brausen des Heiligen
Geistes und ein Leben in ihm, und wir werden es haben.
Er kann selig machen immerdar, die durch Jesus zu ihm
kommen. Es gereicht also zu seinem Ruhm. Und ebenso
geschieht es zu seiner Schande, wenn Christen, weiße oder
schwarze, nicht im Geiste Jesu wandeln, nämlich im Geiste
der Heiligkeit, des Opferns und des Dienens.

Diese Menschen möchten der Hölle und dem Teufel
entfliehen. Sie haben ihre elende, schmutzige Zauberei
aufgegeben, und das ist keine Kleinigkeit. Sie sind durch
das Rote Meer gegangen, sie haben ihre Freudenlieder gesungen, sie sind in der Wüste angekommen. Aber nun
haben sie angefangen, Versuchung und Kreuz zu erleben,
und nun beginnen sie zu murren. Ein führender Christ
ist ausgepeitscht worden. Und nun hat man geschrien:
‚Alle Christen werden ausgepeitscht!‘ Da ist über viele
gewaltige Furcht gekommen. Viele wollen nicht länger
Christus folgen, sondern sind geflohen. Der Betroffene

selbst nahm es übel auf, er machte für längere Zeit ein saures Gesicht. Es war ihm keine Freude, für Christus zu leiden.

Es zeigten sich auch andere unheilvolle Erscheinungen. Eine der schlimmsten Sünden dieser Menschen ist eine entsetzliche Trägheit. Auf einem Stuhle zu sitzen und zu schwatzen, das ist ihrer aller Wunsch. Selbst tätig zu sein, halten sie für Dummheit. Andern alle Arbeit zu überlassen, darin besteht ihre Weisheit. Das Christentum, das sie in sich aufgenommen haben, hat daran nichts geändert. Jeder drückt sich, wo er kann. Weiter: Ihr Christentum hat keine Liebe hervorgebracht. Wo ist ihre Liebe zu Gott? Ja, sie singen davon, sprechen auch wohl davon; aber wenn es sich darum handelt, für Gott Opfer zu bringen, für ihn zu arbeiten, dann schwindet ihre Liebe dahin. Auch zeigt sich bei ihnen ein großer Mangel an Furcht Gottes. Die Furcht Gottes besteht darin, das Böse zu hassen, und die Liebe Gottes darin, die Gerechtigkeit zu lieben. Es gibt vielleicht auch Menschen dieser Art; aber sie sind selten wie ein weißer Rabe. Im allgemeinen scheinen sie sich die Sache so vorzustellen: Sie seien ja nun getauft, somit im Blute des Lammes gewaschen. Darum müßten sie auch in den Himmel kommen. Lügen, Betrügen und Stehlen, Ehebruch und Unzucht habe damit nichts zu tun.

Wie steht es nun mit diesen Menschen? Ich für meine Person habe darüber keinen Zweifel. Denn es ist uns gesagt worden, daß wir nach den Früchten urteilen sollen. ‚Wer Christi Geist nicht hat, der ist nicht sein‘, und: ‚Welche der Geist Gottes treibt, die sind Gottes Kinder‘, und: ‚Ohne Heiligung wird niemand den Herrn sehen‘, und: ‚Weichet von mir, ihr Übeltäter!‘

Welche Kraft muß doch nötig sein, einen Menschen in solcher Umgebung zu retten! Der Mensch muß neues Leben erhalten, das Leben aus Gott, ein neues Herz, ein reines Herz, er muß eine neue Kreatur werden, er muß göttliche Liebe und göttlichen Haß haben. Auf eine dieser

Forderungen zu verzichten, ist ebenso lächerlich, als wollte man hundert Meter oberhalb der Niagarafälle in einem Ruderboot das andere Ufer erreichen."

Zu derselben Zeit trat eine andere ernste Krise auf. Einige wenige Missionare widersetzten sich der festen, nachdrücklichen Forderung Studds, die wahren Gläubigen müßten ein Leben praktischer Heiligung führen. Einige andere zeigten sich nicht willig, nach den Grundsätzen von kindlichem Glauben und äußerster Opferbereitschaft zu leben, auf denen die Mission gegründet war: wie die Eingeborenen zu wohnen, sich mit einfacher Nahrung zu begnügen, auf Ferien und Erholung zu verzichten, kurz: völlige Hingabe an die eine große Aufgabe, die Heiden für das Evangelium zu gewinnen. Unter der Oberfläche regte sich eine Opposition gegen die Art, wie Studd die Mission leitete. Die Krise endete damit, daß Studd sich gezwungen sah, zwei Missionare zu entlassen, während mehrere andere freiwillig ausschieden. Studd schrieb:

„Solange ich im Sattel sitze, habe ich vor, zu reiten und die andern zum Reiten anzutreiben. Wir können nicht auf einem behaglichen Ruhebett in den Himmel getragen werden. Wir wollen eins oder das andere tun: entweder nach dem Grundsatz leben: Laßt uns essen und trinken; denn morgen sind wir tot! oder: Laßt uns Leben und Tod und alles, was wir haben, für unseren Herrn Jesus wagen! Wir können hier nur wagemutige Kämpfer gebrauchen. Menschen, die murren, mögen heimkehren!

Ich fürchte sehr, das göttliche Feuer unter uns werde erlöschen und nur Rauch und Dampf zurücklassen. Ich glaube, es ist dringend nötig, daß manche unter uns gefestigter werden. Ich finde, es wird viel mehr Zeit und viel mehr Überlegung an die Sorgen der Nahrung verwandt, als nötig wäre. Auch finde ich, daß gar zu oft die ursprüngliche Grundlage unserer Arbeit, die äußerste Opferbereitschaft, einem selbstgefälligen Wesen Platz macht. Es ist nötig, daß wir alle unsere Kräfte anspannen und immer noch mehr anspannen. Wir müssen immer auf dem Wellenrücken bleiben, und das um so mehr, weil ringsum alles im Wellental der Sünde schwimmt.

Paulus liebte die Weise vom Kreuz. Das wunderbarste aller Gotteswunder ist dies, daß er uns dazu erzieht, nicht nur die Opfer auf uns zu nehmen, sondern sie mit Freude zu tragen und nach größeren Opfern zu verlangen. Wir wollen bei der großen Hochzeitsfeier des Lammes zugegen sein, und wie werden wir dann wünschen, mit denselben Kleidern angetan zu sein wie er! Aber wir müssen darauf sehen, daß wir die durchbohrten Hände und Füße, die von Dornen zerstochene Stirn und das verwundete und gebrochene Herz haben. Mögen wir dann verachtet sein, wie er auf Erden verachtet war, mögen wir uns selbst verachten, wozu wir allen Anlaß haben, so werden wir doch nicht von ihm verachtet werden, den unsere Seele liebt."

Es waren Tage harten Kampfes. Selbst einige Mitglieder des Heimatkomitees waren nicht mit Studd einverstanden. Seine kompromißlose Ablehnung jeder Verhandlung mit der Opposition, seine Weigerung, selbst nach Hause zu kommen, wenn es ihm Gott nicht befehle, seine Gleichgültigkeit menschlichen Ansichten gegenüber, seine Entschlossenheit, an den ersten Grundsätzen der Mission festzuhalten, auch wenn alle ihn verließen, das alles schrieben sie der Einwirkung des Fiebers und der Überanstrengung zu.

Diese Erlebnisse waren für Karl Studd ein Gethsemane. Hin und wieder klingt aus seinen Briefen, was es ihn kostete, mißverstanden zu werden, und wie er sich danach sehnte, daß ein neuer Geist lebendig werde. Da heißt es in einem Briefe:

„Manchmal fühle ich, und besonders in der letzten Zeit, daß mein Kreuz unerträglich schwer wird. Es ist mir oft in meiner Angst, als müßte ich unter seinem Druck erliegen. Aber ich hoffe, weiterzugehen und nicht zu erliegen. Mir ist, als werde mein müdes Herz zusammengepreßt, und es gebe keine Hoffnung mehr auf Heilung. Und in meiner tiefen Einsamkeit wünsche ich oft, ich könnte heimgehen. Aber Gott weiß am besten, was mir gut ist, und ich will alles tun, was er mir aufträgt." Und in einem andern Briefe:

„Wie verändert die Liebe alles! Der Heiland kannte ihre Macht und gab uns das Gebot, zu lieben. Können wir nicht nach seinem Gebot alle lieben? Müssen wir den Heiland verleugnen durch unwürdigen Argwohn gegeneinander? Argwohn subtrahiert, Glaube addiert, aber Liebe multipliziert. Sie segnet doppelt: den, der empfängt, und den, der gibt. Wie sehne ich mich danach, daß die Liebe in jeder Seele herrscht, wo ein jeder einen jeden außer sich selbst liebt, wo jeder auf jedes andern Wohlergehen bedacht ist, während er wie Paulus die Leiden und Sorgen der andern auf sich nimmt, um sie selber zu tragen. Das soll das Gebot der Innerafrika-Mission sein; dann gibt es für sie keine anderen Gebote, denn dieses Gebot der Liebe schließt unmittelbar alle anderen Gebote in sich. Er hat seine Diener zu einer Feuerflamme gemacht, nicht zu ‚Flammen', sondern zu ‚einer Flamme'; denn da ist und muß eine gesegnete Einheit sein; sonst kann der Herr nicht so segnen, wie er segnen möchte."

Der Durchbruch kam an einem Abend im Jahre 1925. An diesem Abend wurde eine neue Mission geboren, oder, richtiger gesagt, die ursprüngliche Mission wurde wiedergeboren. Von diesem Abend an war der Ausgang des Streites nicht mehr zweifelhaft. Denn Gott hatte begonnen, ein neues Geschlecht von „Unbesiegbaren" aufzurufen, die getauft waren mit demselben Geist, den jene Männer und Frauen der alten Zeit besaßen, von denen der eine sagte: „Wenn er mich auch schlägt, so will ich ihm doch vertrauen", und der andere: „Wenn ich umkomme, so komme ich um", und wieder andere: „Unser Gott kann uns wohl erretten; und wo er's nicht tun will, so wollen wir doch nicht deine Götter ehren."

An diesem Abend kam Bwana wegen der Lage der Dinge in höchst gedrückter Stimmung zur Gebetsstunde in

Ibambi. Er fühlte, es müsse so oder so zu einer Explosion kommen, die die Hindernisse beseitige und dem Heiligen Geist Raum schaffe, von neuem das Werk zu beginnen. Etwa acht Missionare waren mit ihm versammelt. Sie lasen miteinander sein Lieblingskapitel von den Glaubenshelden in Hebräer 11.

„Aber können Menschen wie wir auf der goldenen Straße marschieren mit solchen Helden? Ist das möglich? Es soll denen zuteil werden, die dessen würdig befunden werden. Dann gibt es doch auch noch eine Möglichkeit für uns. Halleluja! Die Herzen begannen zu brennen! Die Ruhmestaten dieser alten Helden schienen Herzen und Seelen zu entzünden. Was für treffliche und große Opfer brachten sie! Wie hat Gott sie geehrt und gesegnet und zu einem Segen gemacht für andere — damals zu ihren Lebzeiten, ja, und jetzt, hier, heute abend! Was war das für ein Geist, der diese sterblichen Menschen dazu brachte, so zu triumphieren und so zu sterben? Es war der Heilige Geist Gottes, und seine wesentlichen Kennzeichen sind: Mut, Tapferkeit, Lust zur Aufopferung für Gott, und dabei eine Freude, die alle menschliche Schwachheit und alle natürlichen Regungen des Fleisches kreuzigt. Das brauchen wir heute abend! Wird Gott es uns schenken, wie er es jenen geschenkt hat? Ja! Unter welchen Bedingungen? Es gibt nur eine Bedingung: ‚Verkaufe alles!‘ Gott hat einen festen Preis. Da gibt es keinen Abzug. Denen, die alles hergeben, gibt er alles! Alles! Alles! Alles! Tod aller Welt! Tod allem Fleisch! Tod dem Teufel! Und Tod dem vielleicht allergefährlichsten Feinde: dir selbst!"

Aber wie sollte man eine solche Forderung erläutern? Die Rede kam auf den Weltkrieg und auf das Heldentum der Soldaten, die auf das Kommando ihres Vorgesetzten aus den Gräben stürmten, obgleich sie wußten, wie unwahrscheinlich es war, daß sie lebend zurückkamen. Aber wie soll man diesen todesmutigen Geist beschreiben? Die Frage wurde aufgeworfen unter denen, die Soldaten gewesen waren, und einer von ihnen antwortete: „Nun, der

Unteroffizier würde es etwa so beschreiben: Der Soldat kümmert sich einen Pfifferling darum, was mit ihm selbst wird, wenn er nur seine Pflicht tut für seinen König, sein Vaterland, sein Regiment und sich selbst gegenüber." Diese Worte waren der Funke, dessen es gerade noch bedurfte, um alles zu erhellen. Bwana sprang auf, erhob den Arm und rief: „Das ist es, was wir brauchen. Das ist es, wonach ich mich sehne. O Herr, von nun an will ich mich nicht darum kümmern, was mit mir wird, nicht fragen nach Leben oder Tod oder auch nach Hölle, wenn nur mein Herr Jesus Christus verherrlicht wird!" Nun standen alle Anwesenden, einer nach dem andern, auf und taten dasselbe Gelübde: „Ich kümmere mich nicht darum, was mit mir wird, ob mir Freude oder Kummer, Gesundheit oder Schmerz, Leben oder Tod zuteil wird, wenn nur Jesus verherrlicht wird."

„Die Bücher wurden geschlossen, noch einmal beugten sich die Häupter in stillem Gebet; dann erhoben sich alle, um auseinanderzugehen. Aber es war eine neue Gemeinschaft, die an diesem Abend die Hütte verließ. Es waren nicht mehr dieselben Menschen wie die, die vor zwei Stunden zusammengekommen waren. Ein Lachen lag auf ihren Gesichtern, ein Leuchten war in ihren Augen, unaussprechliche Freude und unaussprechliche Liebe; denn jeder war ein Soldat geworden, ein Todgeweihter zur Verherrlichung unseres Heilands und Königs Jesus, der selbst für ihn gestorben war. Die Kampfesfreude hatte von ihnen Besitz ergriffen, jene Freude, die Petrus unaussprechlich nennt."

Der Segen breitete sich bis zu der entferntesten Station aus. Von dieser Zeit an bis auf den heutigen Tag wurden unter den Mitarbeitern im Innern Afrikas die Einigkeit, die Liebe, die Opferfreudigkeit, der Eifer für die Rettung der Menschen nicht mehr gestört. Da läßt sich kein Murren hören, wie knapp auch die Gelder sein mögen; man hört nur Worte des Lobes und des Gottvertrauens. Jeder läßt sich schwer bewegen, in Urlaub zu gehen, es sei denn, daß seine Gesundheit es dringend erfordere. Und wenn jemand heimkommt, so ist seine erste Frage nicht: „Wie lange kann ich ausruhen?", sondern: „Wie kann ich hier bei der Arbeit helfen?" und: „Wie bald kann ich zurückkehren?" Den Ehepaaren gilt ihre Arbeit mehr als ihr Familienleben. Wegen Mangels an Missionaren bot ein junges Paar wenige Tage nach der Hochzeit an, sie wollten sich für einige Zeit trennen und auf verschiedenen Stationen arbeiten. Alleinstehende Frauen gehen, wenn Männer fehlen, selbständig in ein Dorf. In einer Gegend wurde der schlimmste Kannibale, der sich schätzungsweise hundert Menschen „einverleibt" hatte, von einer alleinstehenden Missionarin, die in jenes Dorf kam, zu Christus geführt. Zwei der gefördertsten Stationen mit 500 bis 1500 Teilnehmern am Gottesdienst sind nur durch alleinstehende Frauen „bemannt". An einigen Stellen, wo es nur zwei Missionare gab, haben sie auf menschliche Kameradschaft verzichtet und sich freiwillig getrennt, damit der eine weiterziehen und auf einem neuen Missionsfelde die Arbeit beginnen kann, obwohl nach der üblichen Ordnung der Mission jede Stelle mit zwei Mitarbeitern besetzt sein soll. Ja, wenn die Mission schmerzliche Verluste erlitt, haben sie am Grabe triumphiert und Gott gepriesen, wie es ein junger Missionar tat, der schon wenige Wochen nach der Hochzeit seine Frau verlor. Er legte sie selbst ins Grab und pries Gott mit so fröhlichem Gesicht, weil sie jetzt vor Gottes Angesicht erscheinen dürfe, und sprach mit solcher Siegeszuversicht, daß zwei Nonnen, die dabeistanden, späterhin gestanden, er habe in seiner Religion eine Festigkeit gefunden, von der sie nichts wüßten.

In kurzer Zeit breitete sich auch der Segen über die einheimische Gemeinde aus. Bwana bahnte der Erneuerung den Weg: Er reiste umher und ließ von neuem den Ruf erschallen zu rechtschaffener Buße und zu der Bereitschaft, alle Sünden abzulegen; denn das sei die einzige sichere Grundlage für wahren Glauben an das sühnende Blut

Christi und für den Empfang des Heiligen Geistes. Dieser Ruf drang tief ein, in einem Maße, wie das bisher noch nicht beobachtet worden war. Die Furcht Gottes kam über die Menschen. Es war vorbei mit der bequemen und leichtfertigen Art, in der sich bisher viele mit solchen Rufen abgefunden hatten. Statt dessen zeigte sich ein klares Verständnis dafür, was es kostet, Christus nachzufolgen. Dem Ruf wurde hier und da von einzelnen entsprochen, nicht mehr von Massen. Die Anzahl wuchs allmählich. Aber wie zeigte sich bei ihnen die Umwandlung! Hier machten sich die Wirkungen des Heiligen Geistes, um den die Missionare gebetet hatten, deutlich bemerkbar. Sie zeigten sich im Leuchten auf den Gesichtern, in einem neuen Gebetsleben, einem Haß gegen Sünde, Unehrlichkeit und Unreinheit. Wo sich diese Sünden noch in ihrer Mitte fanden, wurden sie bloßgestellt. Die Arbeit auf der Missionsstation wurde willig und gut ausgeführt. Auf viele Eingeborene kam der Geist der Evangelisation. „Jetzt ist endlich eine sichere Grundlage für die Arbeit gelegt", schrieb Studd, „jetzt wollen wir kräftig weiterarbeiten. O es ist gut, wenn man in hartem Kampfe für Jesus steht!"

Adzangwe z.B., der einer der schlimmsten und bösartigsten Kannibalen gewesen war, auf dessen Gesicht die Geschichte seiner Ausschweifungen deutlich geschrieben stand und der sich schon mehrere Jahre zu den Gläubigen bekannt hatte, wurde in dieser Zeit noch wunderbarer verwandelt. Sein ganzes Gesicht wurde gleichsam erhellt. Er übernahm die Leitung in seiner Gemeinde, die fünfhundert Seelen umfaßte. Er verkündete das Evangelium unter den Häuptlingen in der Umgegend, er wurde wegen seines Zeugnisses eingekerkert und rettete dann seine Mitgefangenen. Er und Studd, die unter so verschiedenen Bedingungen aufgewachsen waren, wurden wie Brüder.

Ein anderer Christ wurde für sein Zeugnis geschlagen. Aber er achtete das nicht, als sei ihm Böses widerfahren, sondern er stand auf und begehrte, dem Häuptling die Hand zu schütteln, weil ihm die Ehre zuteil geworden war, für Jesus geschlagen zu werden. Dafür schlug man ihn noch einmal; aber dieses Mal blieb er auf seinen Knien und betete für den Häuptling. Dann wurde er in den Kerker geworfen; aber innerhalb weniger Stunden versammelte sich eine ganze Schar seiner Mitchristen bei dem Häuptling und bat, sie möchten auch gewürdigt werden, mit ihrem Bruder für Jesus eingekerkert zu sein. In der letzten Zeit, nach Bwanas Tode, haben 47 Eingeborene eine ganze Nacht im Gebet zugebracht. Sie erklärten, sie hätten oft die ganze Nacht für den Teufel getanzt, und sie wollten jetzt die ganze Nacht zu Gott beten. So könnte man die Liste fortsetzen.

Bwana sah also, wie es sein Herzenswunsch gewesen war, im Innern Afrikas eine heilige, geisterfüllte Kreuzzugsgemeinde. Die letzten fünf Jahre seines Lebens, die ihm noch gegeben waren, verwandte er dazu, mehr und mehr Menschen zu retten, damit sie mit Heiligem Geist erfüllt und Kämpfer für Jesus würden. Auf diese Jahre lassen sich nur die Worte anwenden: „Der Eifer um dein Haus wird mich verzehren." Studd lebte buchstäblich nach seinem Gelübde: nur für Christus und nur dafür, für ihn Seelen zu gewinnen. Was sonst in dem Leben des Durchschnittsmenschen einen breiten Raum einnimmt, das spielte in seinem Leben eine ganz geringe oder gar keine Rolle. Essen: dann und wann ein Teller voll; Schlafen: etwa vier von vierundzwanzig Stunden; Ferien: kein Tag in dreizehn Jahren; Bequemlichkeit: Der nächste Abschnitt wird sein „Heim" beschreiben; Kleidung: staubfarbenes Jackett und Hemd, Kniehosen und Strümpfe, sonntags und alltags gleich; Bücher: im wesentlichen nur die Bibel.

Bwanas Heim und Tageslauf

Der Name Ibambi wird in Innerafrika immer verbunden sein mit dem Namen Bwana Mukubwa, d. h. der große Häuptling. Er lebte in einer kreisförmigen Hütte; die Wände bestanden aus gespaltenen Bambusstäben, die mit heimischen Pflanzenfasern verbunden waren; die Hütte hatte ein Grasdach und einen rissigen, immer wieder geflickten Lehmfußboden. In einer Ecke stand ein Bett, wie es die Eingeborenen benutzten, ein Geschenk des Häuptlings Manziga. Statt Sprungfedern hatte es schmale Streifen von Ziegenfellen, die an dem Holzrahmen befestigt waren. Darauf lagen sieben bis acht staubfarbene, vom Alter verschlissene Decken, die teils als Matratze, teils als Bettdecken dienten. Am Kopfende lag ein ganzer Stoß von harten, dünnen Zelttuchkissen. In der Nähe des Bettes stand ein selbstgezimmerter Tisch; darauf waren verschiedene Fächer angebracht, in denen in sauberer Ordnung alle möglichen Gebrauchsgegenstände aufbewahrt wurden: Scheren, Messer, Arzneien aller Art, Papiere, Uhren, Brillen, alte Nestle-Milchbüchsen, Federn und Bleistifte usw. Daneben standen auf einem Regal zerlesene Bibeln, meist revidierte Ausgaben. Studd hatte es sich zur Gewohnheit gemacht, jedes Jahr eine neue Bibel zu kaufen. So verwandte er nie alte Notizen und Anmerkungen, sondern ging immer unmittelbar an die Schrift selbst heran. Wie wir sehen, war Karl Studds Heim Schlafzimmer, Wohnzimmer und Eßzimmer zugleich. Wie viele unvorbereitete Versammlungen sind hier an seinem Bette abgehalten worden! Wie manches Mal hat er dort um Mitternacht und in den frühesten Morgenstunden Ansprachen gehalten, von denen Missionare und Eingeborene neugestärkt fortgingen, um ein neues Leben in Gott zu führen!

Nahe dem Fußende des Bettes war auf dem trockenen Lehmboden ein offenes Holzfeuer. Nachts sah man da auf einem Bambuslager, wie es die Eingeborenen benutzen, eine schwarze Gestalt zusammengekauert sitzen, möglichst nahe am Feuer, weil das seine einzige „Bettdecke" war. Es war dies Studds „Bursche", ein seit Jahren voll erwachsener Mann, der mit der Sorgsamkeit einer Frau seinem Herrn zur Hand ging. Er hatte ein steifes Bein und wurde deshalb Einbein genannt. Zwischen halb drei und drei Uhr pflegte es in der Hütte lebendig zu werden. Einbein wachte so regelmäßig auf wie eine Weckuhr. Das erste Geräusch war dann gewöhnlich das Zusammenschlagen der Scheite, von denen er die Asche abklopfte; dann ertönte das langgezogene leise „Phuuuu", womit er in der geschickten Art der Eingeborenen aus den Funken das Feuer anfachte. Darauf wurde der Kessel aufgestellt und eine Tasse Tee zubereitet.

Sobald Bwana wach war, wurde ihm der Tee gereicht, und Einbein legte sich noch einmal schlafen. Bwana aber nahm eine Bibel vom Regal und war allein mit seinem Gott. Was in diesen stillen Morgenstunden zwischen ihm und Gott verhandelt wurde, das erfuhren einige Stunden später alle, die Ohren hatten zu hören. Bei den Eingeborenenversammlungen am Morgen, die, wenn Bwana sie hielt, selten weniger als drei Stunden dauerten, bei den Gebetsversammlungen mit den Weißen am Abend von sieben bis neun oder zehn Uhr strömte alles das, was er in der Frühe im Zwiegespräch mit Gott gesehen und gehört hatte, aus seinem Herzen, das für die Rettung der Menschen brannte, und von seinen Lippen, die mit einer glühenden Kohle berührt worden waren (Jes. 6, 6. 7). Diese Frühstunden waren für ihn immer die einzige Vorbereitung für seine Versammlungen. Er hielt keine vorbereiteten Ansprachen, sondern sprach mit Gott, und Gott sprach mit ihm und machte sein Wort in ihm lebendig. Er sah Jesus, aber auch die Millionen von Männern und Frauen auf dem Wege zur Hölle. Er sagte immer wieder, dies sei die einzige Vorbereitung für eine Predigt des Evangeliums, die man nötig habe, auch wenn man an einem und demselben Tage ein Dutzend Predigten halte.

Tagsüber gab es viele Aufgaben zu erledigen. Da hatte man z. B. nach den Gebäuden zu sehen. Die gefräßigen weißen Ameisen nagten immerzu an den Pfählen und Wänden. Das machte Ausbesserungen oder Neubauten notwendig. Bei derartigen Arbeiten war Studd peinlichst genau. Jeder Pfahl mußte die richtige Länge haben, an die richtige Ecke gestellt werden usw. Er verfolgte dabei eine besondere Absicht: Den Eingeborenen mußte eingeprägt werden, daß gutes Christentum und Trägheit und schlechte Arbeit in unvereinbarem Widerspruch stünden. Wenn er den Eingeborenen in materiellen Dingen zeigte, daß unbedingte Gewissenhaftigkeit und Genauigkeit die einzige Vorbedingung für den Erfolg sei, dann glaubte er ihnen damit auch am besten klarmachen zu können, daß Gerechtigkeit Seines Thrones Stütze ist. In derselben Geschlossenheit und Angespanntheit der ganzen Person bemühte Studd sich, in an und für sich unbedeutenden Dingen das Beste zu leisten, genau wie er es in der Predigt tat und in seiner Jugend beim Kricketspiel getan hatte. War er mit einer Bauarbeit beschäftigt und diese so weit gediehen, daß sie sorgfältigster Überwachung bedurfte, war es aussichtslos, mit dem Frühstück auf Studd zu warten. Es konnte drei bis vier Uhr nachmittags werden, ehe er bereit war, eine Mahlzeit einzunehmen. Einmal konnte man sehen, wie er einem kleinen Jungen einen ganzen Tag lang beim Suchen eines Knopfes half, den der Junge verloren hatte. Natürlich kam es ihm dabei nicht auf den Wert des Knopfes an. Er wollte nur dem Jungen Gründlichkeit und Achtsamkeit beibringen.

Als Leiter der Mission hatte Studd sehr viel Schreiberei: Heimkorrespondenz, Rechnungsführung, unaufhörlichen Briefwechsel mit den Stationen usw. Aber seine größte Freude war es, nach diesen Arbeiten zur Verkündigung des Evangeliums auszuziehen. Als sich die Mission in der Umgegend von Ibambi ausdehnte, ging er jede Woche auf Evangelisation. „Wochenendreise" wurde das genannt, endete aber meistens erst am Mittwoch oder Donnerstag.

Vor der Tür warten schon zehn Männer. Es sind Freiwillige, auserlesene Männer. Freiwillige nicht in dem Sinne, daß sie keinen Lohn bekamen, sondern weil sie sich freiwillig einer schweren Aufgabe unterzogen. Die Arbeit des Trägers in der Nacht ist schwierig und gefährlich; die Waldpfade sind eng, Flüsse und Sümpfe mit mangelhaften Brücken gilt es zu überqueren. In der ersten Zeit wollte Bwana nie erlauben, daß man ihn trug. Er machte alle Reisen zu Fuß oder auf dem Fahrrad und verschmähte die Sänfte, die von Beamten und Händlern immer gebraucht wurde. Bei zunehmender Schwäche jedoch konnte er nicht mehr darauf verzichten. Seine Mandala (Sänfte) hatte in der Mitte einen Stoffsitz und war mit einheimischen Matten gedeckt, die ihn vor Sonne und Regen schützten; die Tragstangen waren aus starkem Bambusrohr.

Und nun geht es fort. Der Kapita oder Vormann schreitet voran mit Speer und brennender Laterne; die vier Träger, zwei vorn, zwei hinten, schultern ihre Last und singen beim Gehen. Dann folgen ein oder zwei Träger, die Studds weniges Gepäck tragen; den Schluß bilden die Ersatzträger für die Mandala. Etwa vier bis fünf Stunden ziehen sie so durch die Nacht. Dann ist es wohl zwölf bis ein Uhr nachts geworden. Studd liebt es nicht, in der Nacht seinen Bestimmungsort zu erreichen; denn dann würden die Missionare aus ihren Betten aufstehen. Darum hält er unterwegs Ausschau nach irgendeiner leeren Eingeborenenhütte, nach einer „Bandahauri", wie man sie dort nennt, wo tagsüber die Leute zusammenkommen, um zu schwatzen. Dort wird haltgemacht und noch ein Weilchen geschlafen.

Am Sonntagmorgen gegen sechs Uhr kommen sie auf einer der großen Außenstationen an. Vielleicht ist es das Dorf Imbais, das noch 1922 Urwald war, wo Leoparden hausten. Zuerst hatte man dort ein Stück Wald gerodet und eine Kirche und eine Hütte für einen Missionar gebaut. Nun ist der ganze Ort verwandelt: Eine schöne

Missionsstation ist entstanden mit Schulen, Arbeitsplätzen, einer neuen Kirche, neuen Häusern für die Missionare, einer Straße mit Hütten für die Eingeborenen und Anpflanzungen von Bananen, Ananas, süßen Kartoffeln, Mais und Maniok. Obwohl Imbai selbst in seinem christlichen Empfinden kühler war als mancher andere, bewies er vor den belgischen Beamten und dem Richter eine Haltung, über die sie einfach staunten. Sie luden ihn vor und teilten ihm mit, er könne von der Mission eine jährliche Rente für sein Land beanspruchen, wohl etwa 600 Mark im Jahr. Das ist für einen afrikanischen Dorfbewohner eine fabelhafte Summe. Aber Imbai lehnte rundweg ab. Er erklärte, er habe das Land Gott gegeben. Die Beamten wollten ihren Ohren nicht trauen; aber als sie ihre Frage wiederholten, erhielten sie dieselbe Antwort. Heute entsendet Imbais Gemeinde etwa 30 eingeborene Evangelisten in die Umgegend und die etwas entfernter wohnenden Stämme. Das Werk wird von den einheimischen Christen getragen.

Bwana besuchte Imbais Dorf oft. Wenn er kam, war das bald allgemein bekannt. Denn mit den hohlen Holztrommeln, mit denen die Eingeborenen einander Kunde geben, verbreitet sich eine Nachricht meilenweit von Dorf zu Dorf. Dann pflückten die Leute ein Bund grüner Bananen — ihre Hauptnahrung —, rollten ihre kleinen Matten zusammen, packten etwas an europäischer Kleidung ein, auf deren Besitz sie sehr stolz sind, und so zogen sie am Sonntagmorgen aus, Männer, Frauen und Kinder, sobald sie aus der Ferne durch den Wald hin den Klang der Trommel hörten, die zum Gottesdienst rief. Viele kamen stundenweit und konnten erst zu Mittag da sein. Inzwischen hatte Bwana mit den Missionaren eine Tasse Tee getrunken und mit den Christen aus dem Orte und den nächsten Dörfern einen etwa zweistündigen Frühgottesdienst gehalten. Dann kehrte er zurück in die kleine Bambushütte, die eigens für seine Besuche bereitgehalten wurde. Dort legte er sich nieder und frühstückte ein wenig. Dabei saßen die Missionare um ihn und sprachen mit ihm über alle wichtigen Neuigkeiten.

Der Hauptgottesdienst wurde dann gegen Mittag gehalten. Wenn möglich, hielt Studd ihn gern im Freien unter dem Schatten der Palmen. Die Leute strömten in Scharen herbei, wenn er da war. Wohl zweihundert Menschen kamen zum Gottesdienst. Er begann mit dem Gesang geistlicher Lieder, den Bwana selbst auf dem Banjo begleitete. Das dauerte eine ganze Stunde und war bei allen Teilnehmern sehr beliebt. Fast alle Lieder, etwa zweihundert, waren von Bwana selbst verfaßt. Wenn ein neues oder weniger bekanntes Lied gesungen wurde, sang er zuerst die einzelnen Verse vor, und die Leute wiederholten sie, bis sie sie auswendig konnten. Die bekannteren Lieder sangen sie selbständig. Manche Lieder wurden von kräftigen Gesten begleitet. Wenn sie dann recht lebhaft wurden, ließ Bwana das Banjo schweigen, erhob sich und stimmte ein kräftiges Chorlied an, das am Schluß in Hallelujarufen ausklang.

Auf den Gesang folgt das Gebet, wohl etwa vierzig Minuten lang. Dabei steht einer nach dem andern auf, um zu beten, und reckt dabei seine Hand zum Himmel empor. Wenn der eine noch betet, steht schon ein anderer auf, um sofort zu beginnen, wenn der erste sich setzt. Wenn nicht diese Regel eingeführt wäre, würden vier oder fünf gleichzeitig beten. Jedes Gebet endet mit den Worten: „ku jina Ya Yesu", d. h.: im Namen Jesu. Diese Worte werden von der ganzen Versammlung wiederholt. Wunderbar feurig sind diese Gebete; sie enden meist damit, daß der Beter vor Gott und den Menschen erklärt, er wolle nun den Weg zu Jesus gehen und ihn darum bitten, daß sein Blut ihn reinige und sein Geist ihn erfülle.

Anschließend wird wieder gesungen oder die Schrift verlesen, oder die Gebote werden gemeinsam wiederholt, und dann spricht Bwana. Zuerst liest er die Schriftstellen vor, über die er zu predigen gedenkt. Dann steigt er auf den Erdhügel, der als Rednerbühne dient, und spricht zu ihnen. Gewöhnlich beginnt er ganz ruhig, erläutert diesen oder jenen Satz aus dem Gelesenen, überträgt ein Gleichnis oder eine biblische Geschichte in Negerart, steckt die Personen in Rindenkleider und schwarze Haut; aus Brot werden Bananen, aus Kamelen Elefanten, aus Schnee wird Kalk. Dann klingt das ganze warme Herz aus Bwanas Worten, wenn er der Leute eigenes Leben vor ihnen ausbreitet, auf die Folgen der Sünde hinweist, von der Liebe Jesu spricht und ihnen herzlich und dringend zuredet, Buße zu tun, zu glauben, Jesus zu folgen und für ihn zu kämpfen. Bwana spricht 1¼, 1½ oder auch wohl zwei Stunden. Dann folgen zum Schluß ein oder zwei Lieder, eine Zeit des Gebets, in der sie Gott anrufen, er möge neue Christen zur Gemeinde herzuführen und ihnen die Erlösung schenken. Und dann erheben sich zum Schluß alle, grüßen mit erhobener Hand und rufen: „Gott lebt. Jesus kommt bald. Halleluja!"

Halleluja

Es gab eine große Aufregung unter den Eingeborenen, als an einem Sonntag in einem Gottesdienst von tausend Teilnehmern Studd plötzlich mit einem Gebiß strahlend weißer neuer Zähne erschien. Er hatte viele Beschwerden mit seinen Zähnen gehabt; nur wenige waren ihm verblieben, und er mußte deshalb geraume Zeit fast ausschließlich von Krankensuppen leben. Eines Tages sagte einer der Missionare, die ihn besuchten: „Bwana, Sie sollten doch heimreisen und Ihre Zähne nachsehen lassen." Aber seine Freunde konnten sich seine Antwort schon im voraus denken. Sie täuschten sich nicht; er sagte: „Wenn Gott mir neue Zähne schenken will, kann er sie mir ebenso leicht hierher senden." Sie nahmen das als Scherz und lachten. Aber Gott hatte ihn gehört. Wenige Monate später schrieb ein Zahnarzt an das Komitee und bot seine Dienste für Innerafrika an. Das Komitee prüfte seine Eignung, fand ihn aber zehn Jahre zu alt und lehnte deshalb seine Meldung ab. Aber er ließ sich nicht entmutigen. Er verkaufte seine Praxis, bezahlte mit dem Erlös die Reise bis zur Kongomündung und ließ sich dort als Zahnarzt nieder. Er begann eine Zahnpraxis unter den Beamten und Händlern und hatte in wenigen Monaten so viel Geld verdient, daß er die Reise ins Innere wagen konnte. Damals waren gerade Karl Studds jüngste Tochter Pauline und ihr Mann Norman Grubb auf der Heimreise. Sie fuhren auf einem Eingeborenenboot vierzehn Tage den Aruwini abwärts bis zu seiner Mündung in den Kongo. Eines Morgens früh sahen sie ein anderes Boot kommen, das in das Innere fuhr. Darin saß ein Weißer. Sie wunderten sich, wer es sein könne, denn weiße Reisende waren in diesen Gegenden höchst selten. Als die Boote sich auf Rufweite näherten, grüßten sie in englischer Sprache und erhielten einen englischen Gegengruß. Der Weiße war also ein Engländer. In wenigen Minuten hatten sie festgestellt, daß es der Zahnarzt Buck war und daß er zu Studd reiste. Es war Frühstückszeit; deswegen gingen sie an Land, aßen im Wald zusammen und beteten dann miteinander. Als sie weiterfahren wollten, nahm Buck Frau Grubb beiseite und sagte: „Wenn Sie die Tochter von Karl Studd sind, möchte ich Ihnen ein Geheimnis mitteilen, das ich bisher noch keinem andern anvertraut habe. Gott hat mich nach Innerafrika geschickt, nicht nur, um das Evangelium zu predigen, sondern auch, um Studd ein Gebiß zu bringen. Ich habe alles mitgebracht, was nötig ist, es anzufertigen und einzusetzen."

Im übrigen erzählte Studd selbst die Geschichte weiter: „Als Buck ankam, sagte er: ‚Das erste, wozu Gott mich in den Kongo gesandt hat, ist, Ihre Zähne zu behandeln.‘ Unvorstellbar! Gott schickt einen Zahnarzt in das Innere Afrikas, um nach den Zähnen seines Kindes, das nicht heimreisen kann, zu sehen! Was wird das nächste Wunder sein, das Gott an mir tut?"

Wenn er nun auch mit dem neuen Gebiß besser essen konnte, so nahm doch offensichtlich seine Gesundheit immer mehr ab. Manchmal hatte er schwere Fieberanfälle, manchmal Anfälle von Herzleiden, und dauernd litt er unter schlechter Verdauung. In dieser Zeit übernahm er noch eine Aufgabe, die seine letzten Kräfte aufzehrte. Er hatte das Gefühl, man könne es nicht länger verantworten, daß die Menschenscharen in der Umgegend von Ibambi ohne das geschriebene Wort Gottes lebten. In der Welleprovinz existierte bereits die Übersetzung eines großen Teils der Bibel in Bangala. Aber in der Ituriprovinz wurde Kingwana gesprochen. Und da gab es bisher noch gar nichts. Trotz der großen Arbeitslast, die auf ihm lag, beschloß Studd also, das Neue Testament in Kingwana zu übersetzen. Eine anerkennenswerte geistige Leistung für einen Mann von nahezu siebzig Jahren, ganz abgesehen davon, daß damit wochenlange Mehrarbeit verbunden war. Er arbeitete Tag und Nacht daran. „Meine Tage", schrieb er, „haben in der Regel achtzehn Stunden; meine Mahlzeiten bestehen darin, daß ich während des Schreibens hastig etwas hinunterschlucke." Meist arbeitete Studd in der Frühe zwischen zwei und sechs Uhr morgens. Zuweilen hatte er durch das über den Tisch gebeugte Sitzen abends einen solch steifen Nacken, daß Jack Harrison, der wie ein Sohn zu ihm war, ihn leicht massieren mußte, bevor er geradesitzen konnte. Während Studd übersetzte, schrieb Harrison die Übersetzung in Maschinenschrift. Den Verlag übernahm freundlichst die „Gesellschaft zur Verbreitung der Heiligen Schrift" (Scripture Gift Mission). Die Übersetzung war so einfach gehalten, daß jeder Einheimische im Busch, der lesen gelernt hat, das Buch mit in sein Dorf nehmen und es verstehen konnte.

Als Studd mit dem Neuen Testament fertig war, übersetzte er auch die Psalmen und eine Auswahl aus den Sprüchen. Aber er verbrauchte dabei seine letzten Kräfte. Ein Herzanfall folgte dem andern. Oft schien er dem Tode nahe. 1928 war er so krank, daß man an seinem Aufkommen zweifelte.

Aber nur die Menschen seiner nächsten Umgebung konnten sich eine richtige Vorstellung machen von den Leiden dieser letzten beiden Jahre, von der großen Schwäche, der Übelkeit, den Herzanfällen und, schlimmer als alles andere, von diesen furchtbaren Anfällen der Atemlosigkeit und den heftigen Fieberschauern, wobei er gewöhnlich dunkelrot wurde und sein Herz fast aufhörte zu schlagen. Die Ursache davon wurde erst an seinem Sterbebett erkannt; da stellte ein anwesender Arzt Gallensteine fest.

Aber alle Leiden dieser Jahre wurden weit überwogen von der großen Freude, daß Gott ihm die Erfüllung seiner beiden großen Herzenswünsche geschenkt hatte: daß er die Einigkeit unter den Missionaren erleben und daß er feststellen konnte, wie der Heilige Geist offensichtlich unter den Eingeborenen am Werke war. Eine Schar von etwa vierzig Missionaren, die wie Söhne und Töchter zu ihm standen, umgab ihn. Gott hatte seine Verheißung wahr gemacht: „Wahrlich, ich sage euch: Es ist niemand, so er verläßt Haus oder Brüder oder Schwestern oder Mutter oder Vater oder Kinder oder Äcker um meinetwillen und um des Evangeliums willen, der nicht hundertfältig empfange jetzt in dieser Zeit Häuser und Brüder und Schwestern und Mütter und Kinder und Äcker mitten unter Verfolgungen und in der zukünftigen Welt das ewige Leben." Auf Gottes Geheiß hatte Karl Studd Frau und Kinder verlassen, und jetzt in seinem Alter hatte Gott ihm dafür eine Familie von vierzig Menschen geschenkt, die ihn liebten und an ihm hingen mit einer solchen Hingabe, als ob sie sein eigen Fleisch und Blut wären. Es läßt sich einfach nicht beschreiben, durch was für ein herzliches Verhältnis Bwana mit seinen Missionaren verbunden war, wie freudig er begrüßt wurde, wenn er eine Station besuchte, wie regelmäßig sie ihm brieflich berichteten, wie treu sie in der Zeit der Krise zu ihm hielten und in welch vertrautem Geist sie während der Konferenztage in Ibambi miteinander verkehrten.

Wahrscheinlich werden die Abendversammlungen mit Bwana in Ibambi am längsten im Gedächtnis der Missionare weiterleben. Die Mission gründete sich auf das zuverlässige Fundament aller geistlichen Arbeit: auf Bibel und Gebet. Die Dauer dieser Versammlungen war nicht begrenzt. Bwana schlug die Bibel auf, las zwei oder drei Kapitel, und dann sprach er darüber. Er bevorzugte die Briefe des Neuen Testaments und sprach ein bis zwei Stunden, an den Konferenztagen bis nach Mitternacht. So ging es Abend für Abend, es war immer dasselbe. Die Missionare konnten von sich sagen: Brannte nicht unser Herz in uns, da wir Jesus begegneten? Die größte Lehre, die sie aus seinen Ansprachen bekamen, war die: Wenn Missionsarbeiter ständig Kraft und Segen von Gott erfahren wollen, dann müssen sie sich die Zeit nehmen und täglich zusammenkommen, nicht zu einem kurzen, zeitlich begrenzten Gottesdienst, sondern lange genug, damit Gott wirklich durch sein Wort zu ihnen sprechen kann. Dann erst können sie miteinander darauf achten, wie sie Gott zum Werke ruft, und gemeinsam alles, was die Einigkeit stören könnte, von vornherein abwehren und sich in gläubigem Gebet zu Gott wenden. Darauf allein beruht das Geheimnis eines siegreichen geistlichen Feldzugs. Das kann nicht durch harte Arbeit oder ernste Predigt ersetzt werden.

Als Autostraßen durch den Wald gelegt waren, konnte Studd sich ein Auto anschaffen. Das bedeutete für ihn eine große Erleichterung; er konnte nun alle erreichbaren Stationen besuchen. Diese Besuche glichen Triumphzügen; denn die Leute waren so begierig, ihn zu sehen und zu hören, daß zu den Gottesdiensten, an denen sonst tausend Menschen teilnahmen, zweitausend Besucher erschienen.

1929 erfuhr er, daß seine geliebte Frau plötzlich heimgerufen worden war, während sie mit ihrer Freundin Heber Radcliffe eine Reise nach Spanien unternahm. Im Jahre vorher hatte sie ihm einen vierzehntägigen Besuch gemacht. Das war ihr einziges Wiedersehen, seit er wieder in Afrika war. Etwa zweitausend eingeborene Christen holten sie ab. Sie hatten bisher immer davon gehört, daß Bwanas Frau zu Hause so eifrig damit beschäftigt sei, Männer und Frauen zu gewinnen, die auszögen und ihnen die Botschaft von Jesus brächten, daß sie nicht selbst kommen könne. Aber als sie jetzt in Fleisch und Blut vor ihnen stand, als sie mit eigenen Augen sahen, daß es wirklich eine „Mama Bwana" gab, da bekamen sie doch ein Verständnis dafür, wie es Worte nicht vermitteln können, welches Opfer Bwana und seine Frau ihnen brachten, um ihre Seelen zu retten. Seit dieser Zeit sahen manche Christen an diesem Beispiel in einem neuen Licht, was es Christus kostete, sie zu erlösen, und was für Menschen sie nach einem solchen Opfer sein müßten. Frau Studd sah neben ihrem Gatten so jung aus, daß viele sie für seine Tochter hielten und glaubten, sie sei Alfred Buxtons Frau.

Frau Studd sprach mehrmals durch einen Dolmetscher zu den Eingeborenen. So erfüllte sich das prophetische Gesicht, in dem sie nach ihrer Bekehrung am Rande ihrer Bibel in Leuchtbuchstaben die drei Worte sah: „China, Indien, Afrika." Der Abschied wurde ihnen furchtbar schwer. Frau Studd wollte nicht gehen. Aber die heiße Jahreszeit nahte, und das Missionswerk in der Heimat brauchte sie dringend. In seinem Bambushause sagten sie sich Lebewohl und wußten dabei recht gut, daß sie sich nun auf Erden nicht wiedersehen würden. Sie gingen zusammen vom Hause aus zu dem bereitstehenden Auto. Kein Wort wurde gesprochen. Frau Studd schien die Gruppe von Missionaren, die das Auto umstanden, um sich von ihr zu verabschieden, ganz vergessen zu haben. Aber sie faßte sich, sah geradeaus, stieg ein, und das Auto fuhr ab.

1930 wurde Studd vom König von Belgien für seine Verdienste im Kongogebiet zum Ritter des Königlich Belgischen Löwenordens ernannt.

Wenige Monate vor seinem Tode durfte er erleben, was

der Missionar als den Gipfel missionarischen Strebens betrachtet: die einheimische Gemeinde übernahm selbst den Missionsauftrag und schickt seitdem ihre Missionare in die benachbarten Stämme.

Unter allen eingeborenen Christen war keiner, den Studd mehr liebte, als der bekehrte Kannibale Adzangwe. Und Adzangwe erwiderte seine Liebe in vollem Maße. Einer der letzten Besuche Studds galt der Gemeinde Adzangwes. Adzangwe war schon ein Sterbender. Die Auszehrung war bei ihm so fortgeschritten, daß man unter seiner schwarzen Haut deutlich die Blässe sah. Er lag auf seinem Eingeborenenbett in seiner kleinen Bambushütte, ein wenig abseits von der unruhigen Station. Fünf Jahre vorher war dort noch Urwald gewesen, und Adzangwe hatte ihn als einen Platz für Gottes Werk geschenkt. Eines Tages kam Fräulein Roupell zu ihm, um ihm einen Krankenbesuch zu machen. Da begrüßte er sie:

„Du darfst nicht so traurig sein, weiße Frau, wenn du zu mir kommst. Denn ich bin auch nicht traurig. Wenn ich in meinem Bett liege, dann rede ich mit Gott, und Gott redet mit mir, und Jesus Christus ist von allen Seiten um mich, wie die Wände meiner Hütte. Ich rede auch mit Bwana" (dessen Bild hatte er über seinem Bett angeheftet). Sein strahlendes Gesicht bewies, daß er wirklich nicht traurig war.

Als er hörte, daß sein geliebter Bwana gekommen sei, konnte ihn nichts in seiner Hütte halten, so krank und schwach er war. Er bat um Hilfe von den Nachbarhütten, wurde auf einen Stuhl gehoben und zum Missionshaus gebracht, wo Bwana saß. Bwana ging ihm entgegen, während einer der Missionare einen Sessel für Bwana herbeibrachte mit einigen Kissen, damit er bequemer sitzen könnte; denn er selbst war krank und abgezehrt wie Adzangwe. Aber bevor Studd sich setzte, nahm er die Kissen und ordnete sie sorglich um den bekehrten Kannibalen. Das war ein kleines Abbild von dem, der, ob er wohl reich war, doch arm ward um unseretwillen und der nicht gekommen ist, daß er sich dienen lasse, sondern daß er diene. Die beiden sahen sich an diesem Tage zum letzten Male. Schon einige Monate vorher hatte Bwana einen eigenartigen Scherz mit Adzangwe gemacht. Er sagte ihm, sie beide machten jetzt einen Wettlauf zum Himmel; aber er habe die Absicht, zuerst anzukommen. Wenn Adzangwe den Wettlauf gewinne, dann werde er ihm gründlich seine Meinung sagen, wenn er ihn dort oben treffe. Drei Wochen später hatte Bwana den Wettlauf gewonnen.

Das Ende kam plötzlich. Harrison gibt eine nähere Schilderung:

„Ibambi, im Juli 1931. Wenn euch dieser Brief erreicht, wird euch mein Telegramm schon berichtet haben, daß unser guter alter Bwana heimgegangen ist, um bei seinem Herrn zu sein. Zuallererst laßt mich versichern, daß diese ganze Zeit hindurch die Siegesglocken geläutet haben, in Bwana selbst, bei den Missionaren und vor allem auch bei den Eingeborenen. O wie preisen wir Gott dafür!

Am letzten Sonntag, am 12., schien es Bwana noch recht gut zu gehen. Er schickte uns an die verschiedenen Stellen im Bezirk, daß wir dort wie gewöhnlich am Tage des Herrn Gottesdienst hielten. Er selbst blieb allein auf der Station zurück, um dort den Gottesdienst für die Eingeborenen zu leiten. Als wir im Laufe des Nachmittags zurückkehrten, ging es Bwana immer noch gut. Er erzählte uns zu unserer Verwunderung, daß er einen Gottesdienst von fünf Stunden abgehalten habe.

Am folgenden Tage, Montagnachmittag, bat er mich, ihm eine Chininspritze zu geben; er fror, und er glaubte wohl, Fieber zu haben, obwohl er keine erhöhte Temperatur hatte. Am Abend fühlte er sich noch schlechter, und ich wachte bei ihm die ganze Nacht bis 4.30 Uhr morgens. In der Nacht hatte er sehr starke Leibschmerzen auf der rechten Seite. Er sagte mir an diesem Abend, er vermute, es seien Gallensteine, und bat mich, alles durchzulesen, was ich über diese Krankheit fände. Ich tat das, und zu unserer Überraschung stellten wir fest, daß alle einzelnen Symptome seine Vermutung bestätigten. Dienstagmorgen war er noch schwächer. Auch die Schmerzen nahmen zu. Am Abend wurde die Schwäche noch größer, die Schmerzen hielten an. Am Donnerstagmorgen ging es ihm erträglicher. Er meinte, die Leibschmerzen hätten etwas nachgelassen, war aber schon so schwach und erschöpft, daß die Stimme versagte. Er versuchte wieder und wieder zu sprechen. Wir verstanden kaum, was er sagen wollte, und konnten nur am Ausdruck seines Gesichts merken, ob wir seine Wünsche richtig erraten hatten. Am frühen Nachmittag meinten wir zu verstehen: ‚Herz schlecht.' Williams fragte ihn, ob er meine, daß er uns jetzt verlassen werde. Darauf antwortete er zuerst, er wisse es nicht, aber bald danach sagte er: ‚Sehr wahrscheinlich.'

Von diesem Augenblick an konnten wir uns darüber keinem Zweifel mehr hingeben. Er gab die Versuche, irgendetwas zu sprechen, ganz auf. Nur versuchte er, mit jedem schwachen Atemzuge zu sagen: ‚Halleluja!' ‚Halleluja!' Es war ergreifend, wie er so mit vollem Bewußtsein heimging und doch bei jedem Atemzuge ein Halleluja aus seiner Brust kam. Wie wunderbar war es auch, daß wir dieses Halleluja immer ganz deutlich hörten, während wir von dem, was er sonst sagte, wegen seiner schwachen Stimme nichts klar verstehen konnten! Auch die schwarzen Brüder, die sich um das Bett versammelt hatten, verstanden es.

Am Donnerstag, etwa um sieben Uhr abends, wurde er anscheinend bewußtlos. Kurz nach zehn Uhr ging er heim. Es war ein schönes Sterben. Er lächelte die ganze Zeit, außer wenn der Schmerz zu heftig wurde. Noch in seiner letzten Schwäche war er besorgt um Missionar Elder, der sich einige Tage vorher einen eingewachsenen Zehennagel geschnitten hatte; er bat ihn, nach Hause zu gehen und den Fuß zu schonen. Der letzte Gottesdienst, den er hielt, war der fünf Stunden lange vom letzten Sonntag, abgesehen von dem gewöhnlichen täglichen Morgengebet, das er noch am Montag mit seinen Burschen und einigen anderen gehalten hatte, die um sein Bett standen. Der letzte Eingeborene, den er seelsorgerlich mahnte, seine Sache mit Gott ins reine zu bringen, war der Häuptling Kotinaye. Sein letztes geschriebenes Wort, in einem Brief an die Missionare, war: ‚Halleluja!‘ Und das letzte gesprochene Wort war ebenfalls: ‚Halleluja!‘

Wir arbeiteten die ganze Nacht vom Donnerstag zum Freitag an der Herstellung eines Sarges, wobei uns seine Burschen nach Kräften halfen. Hunderte und aber Hunderte von Eingeborenen kamen herbei und begehrten, Bwana zu sehen. Damit sie einen letzten Blick auf ihn werfen konnten, hatten wir die Leiche im Vorraum von Bwanas Haus aufgebahrt. Hunderte gingen in tiefer Ehrfurcht an der Bahre vorbei.

Die Einheimischen, die ihm am nächsten gestanden hatten, trugen ihn zu Grabe. Die Missionare ließen den Sarg hinab. Um das Grab standen 1500 bis 2000 Schwarze, unter ihnen die Häuptlinge Kotinaye, Owesi, Abaya und Simba. Was für eine wunderbare Gelegenheit war es, ihnen an diesem Grabe das Evangelium zu predigen!

Die Eingeborenen, die am Freitag zum Begräbnis gekommen waren, wollten nicht heimgehen. Wir hielten am Samstag mit ihnen einen wunderbaren Gottesdienst. Was für Gebete wurden da gesprochen! Wir hatten noch nie derartiges von Schwarzen gehört. In aller Herzen schien derselbe Entschluß lebendig zu werden, sich von neuem ganz Gott zu weihen. Sie sagten, wenn auch Bwana von ihnen gegangen sei, würden sie doch nur um so treuer für Jesus kämpfen. Auch heute, am Sonntag, kamen größere Scharen zum Gottesdienst als je. Das ist vom Herrn geschehen und ist ein Wunder in unsern Augen.“

Nach Studds Tod

Sind es hervorragende Persönlichkeiten, die Gottes Werk auf Erden ausrichten, oder ist es der Heilige Geist, der durch die Menschen wirkt, die sich ihm ausgeliefert haben? Es gab sehr viele Menschen, die den Erfolg der Mission, in der Heimat und auf dem Missionsfelde, den einzigartigen Persönlichkeiten ihrer Gründer, Karl und Priscilla Studd, zuschrieben. Diese fragten sich jetzt, was nach deren Heimgang aus der Mission werden würde. Karl Studd und seine Frau selbst hatten in dieser Frage gar keinen Zweifel. Sie erkannten und bekannten ihre eigene Nichtigkeit; sie wußten, daß alles, was geleistet worden war, das Werk des Geistes Gottes war und daß Gottes Geist durch jeden beliebigen Menschen wirken kann, der im Glauben und Gehorsam sich ihm ganz ergibt. So dachte Karl Studd, als er auf seiner ersten Reise in das Innere Afrikas im Scherze sich selbst und Alfred Buxton Bileams Esel und Noahs Taube nannte. War die Mission durch menschliche Persönlichkeiten oder durch Gottes Geist gegründet und weitergeführt worden? Jetzt mußte es sich zeigen, da die beiden „Persönlichkeiten" zur Ruhe eingegangen waren. Die Gründer waren ihr genommen. Unter den Mitarbeitern war keiner, dessen Name in der christlichen Öffentlichkeit irgendwelchen Klang hatte. Das Heimatwerk hatte gerade eine Krise durchgemacht. Und dazu kam noch, daß gerade in dieser Zeit ein großer wirtschaftlicher Niedergang herrschte. Wenn keine andere Macht hinter dem Kreuzzugswerk stand als die ihrer menschlichen Gründer, dann war alle Hoffnung dahin.

Mit diesen naheliegenden Erwägungen beginnt Norman Grubb den letzten Abschnitt der Biographie seines Schwiegervaters. Wie wir ihm bisher — mit einigen Kürzungen — in der Darstellung des Lebens Studds gefolgt sind, so wollen wir auch hier im letzten Abschnitt Grubb selbst sprechen lassen, zumal er und seine Frau Pauline, die jüngste Tochter Studds, die Leitung des Heimatwerks übernommen hatten. Grubb schreibt:

„Meine Frau und ich waren nun die einzigen Vertreter des Weltweiten Evangelisations-Kreuzzugs in der Heimat. Wir beschlossen, zu Gott zu beten, er möge das tun, was unter den gegebenen Umständen ganz unmöglich schien und was nur der Glaube für möglich halten konnte: Er möge nicht nur das bestehende Werk aufrechterhalten, sondern uns auch 25 neue Missionare geben und dazu das Geld, sie auszusenden, ungefähr 3000 Pfund (damals 75 000 DM), und zwar zehn Missionare bis zum ersten Jahrestag von Studds Tod und fünfzehn bis zum zweiten Jahrestag. Um zu beweisen, daß Gott allein dies tun konnte und daß er derselbe treue Gott ist für alle, die auf ihn trauen, kamen wir überein, wir wollten keinen einzigen Aufruf veröffentlichen, auch auf keine Weise um Missionare oder um Geld werben. Wir wollten uns ganz allein auf Gebet und Glauben verlassen.

Wir begannen im November 1931 um die zehn zu beten und konnten noch in demselben Monat die beiden ersten aussenden. Das Geld reichte nur für die Überfahrt; aber die beiden erklärten sich bereit, sofort mit dem Erlernen der Sprache zu beginnen, im Glauben, daß das übrige Geld für ihre Ausrüstung in wenigen Monaten zusammenkommen werde. Doch erst im Januar wurden uns die Bedingungen des Glaubensgebets aus Gottes Wort völlig offenbart, und Gott gab uns die Gnade, diesen Bedingungen zu gehorchen. Wir sahen, daß die Glaubenshelden in der Bibel, durch die Gott Wunder tat, immer vorher eine Bedingung erfüllten: Sie zeigten, daß sie wirklich Gott glaubten, indem sie im voraus öffentlich verkündeten, was Gott tun würde, in der festen Überzeugung, daß es auch wirklich geschehe. Die Bibel ist überreich an Beispielen dafür. So sagte Paulus, als Gott ihm auf der Reise während des Sturms verheißen hatte, daß alle gerettet werden würden, in aller Öffentlichkeit: „Darum, liebe Männer, seid unverzagt; denn ich glaube

Gott, es wird also geschehen, wie mir gesagt ist." Wir erfüllten diese Bedingung zuerst dadurch, daß wir in unserem engeren Kreise bekanntgaben, Gott werde bis zum nächsten Juli, dem Todesmonat von Karl Studd, zehn Missionare aussenden. Dann schrieben wir an die Missionare auf dem Missionsfeld, sie könnten im Laufe des Sommers zehn neue Mitarbeiter erwarten. Und schließlich veröffentlichten wir das in unserer Zeitschrift.

Der März kam. Bisher hatten wir drei weibliche Anwärter für den Missionsdienst, die bereit waren, hinauszugehen. Aber wir besaßen kein Geld. Wir besprachen die Sache, und es wurde uns klar, daß jetzt die Zeit gekommen sei, wo wir die Hilfe des Herrn empfangen müßten. Und wir zweifelten nicht daran, daß er sie geben würde. Zwei von den Frauen verreisten über Ostern; aber im Glauben hinterließen sie der dritten ihre Adressen, so daß sie telegraphisch zu erreichen waren, wenn der Herr inzwischen das Geld gäbe. Am Samstag waren zwei Gäste im Missionshause. Soweit wir wußten, waren es keine Menschen mit Sparguthaben auf der Bank. Aber eins war ganz unbekannt: Schon Jahre zuvor legten sie einen kleinen Betrag beiseite, den sie dem Herrn versprochen hatten. Er aber gab ihnen bisher noch keinen bestimmten Auftrag, was sie damit tun sollten. Vor dem Zubettgehen wurde ein kurzes Gebet gesprochen, und dabei erwähnte jemand nebenbei diese drei Frauen. Mehr wurde nicht gesagt. Aber Gott hatte gesprochen. Der Wink, auf den sie schon jahrelang gewartet hatten, war gekommen: Am nächsten Morgen erklärten sie uns, daß sie dieses Geld für die drei Frauen zur Verfügung stellten. Das genügte für zwei Überfahrten. Um Mittag gaben wir das bekannt und meinten, wir müßten den beiden telegraphieren. Aber die dritte, die nicht abgereist war, sprach vertrauensvoll: ‚Wollen wir nicht noch eine halbe Stunde warten? Gott kann uns auch das Geld für die dritte Überfahrt schicken.‘ Das sagte sie, obwohl es Sonntag war, also weder Post noch Besuch zu erwarten war. Zu derselben Zeit hatte irgend jemand etwas im Geschäftszimmer der Mission zu tun, das gewöhnlich am Sonntag nicht betreten wird. Er fand dort einen Brief. Der stammte von einem Frauenverein in London, und beigelegt war ein Scheck über hundert Pfund. Nummer drei, vier und fünf von den zehn fuhren am 26. Mai ab und nahmen die volle Ausrüstung für die beiden ersten mit.

Bis zu dieser Zeit hatten sich noch zwei voll ausgebildete jüngere Männer gemeldet, und ungefähr um dieselbe Zeit war eine genügende Summe Geldes eingegangen. So brachen im Juni, kurze Zeit nach den Frauen, Nummer sechs und sieben von den zehn auf. In demselben Monat kam eine Frau aus Kanada, die gleich die Hälfte der Summe für ihre Ausrüstung mitbrachte: Nummer acht.

Nun handelte es sich um die beiden letzten. Es blieben noch sechs Wochen; aber es lief keine Meldung ein und kam kein Geld. Fünf Wochen — nichts. Vier Wochen — keine Meldung, aber eine Gabe von hundert Pfund. Drei Wochen — immer noch nichts. Zwei Wochen — Nummer neun meldete sich, eine voll ausgebildete Mitarbeiterin mit Erfahrung in der Kinderpflege. Nun blieben nur noch einige Tage übrig. Dreizehn, zwölf, elf, zehn Tage — und am Abend des zehnten Tages meldete sich ein voll ausgebildeter junger Mann als Nummer zehn. Er war auf einer Konferenz in Swansea, dem Bibelcollege von Wales, gewesen. Dort hatte er drei Tage in Fasten und Beten zugebracht, um des Rufes Gottes sicher zu werden. Und schon am nächsten Tage setzte der Herr ein wunderbares Siegel auf seine Meldung und gab eine weitere Hilfe für die Aussendung der zehn. Bei der Konferenz war ein Gast, der von der Meldung dieses jungen Mannes nichts wußte. Beim Gebet vor dem Frühstück am nächsten Morgen gab ihm der Herr ins Herz, einen Blankoscheck aus seinem Scheckbuch zu nehmen und in die Tasche zu stecken; er wußte aber noch nicht, zu welchem Zweck. Beim Frühstück hörte er von Nummer zehn, und nun gab ihm der Herr die Weisung, daß der Scheck für ihn bestimmt sei.

Kurze Zeit darauf händigte er dem Missionssekretär einen Scheck über 120 Pfund aus.

Zwei Tage später waren zwei von uns in Irland. Wir sprachen miteinander und kamen zu dem Ergebnis, wir würden es für eine völlige Erhörung unserer Gebete halten, wenn der Herr uns noch einmal 200 Pfund sende. Wir kamen also überein, daß wir ihn im stillen darum bitten wollten. Zwei Tage später, als wir aus dem Gottesdienst kamen, händigte uns unsere Gastgeberin ein Telegramm aus und sagte, obwohl sie nichts von unserm stillen Gebet wußte, im Scherz: ‚Vielleicht sind 200 Pfund darin.‘ Als wir das Telegramm öffneten, lasen wir ‚200 Pfund für die zehn. Halleluja!‘

Und nun sollten noch bis zum zweiten Jahrestag, dem 16. Juli 1933, weitere fünfzehn Missionare ausgesandt werden. Wir schrieben eine Broschüre, in der wir die Geschichte der Zehn erzählten. Am Schluß dieser Broschüre stand: ‚Gott hat zehn in einem Jahre ausgesandt, und wir glauben daran, daß er auch die andern fünfzehn im nächsten Jahre aussenden wird.‘

In den nächsten fünf Monaten stellte uns Gott auf eine harte Probe. Wir hatten eine Fülle von Meldungen erwartet. Aber ein halbes Jahr verging, und keiner bot sich an. Nun war es scheinbar ganz unmöglich, daß die fünfzehn in einem halben Jahr zusammenkommen sollten. Wir beschlossen deshalb im Dezember, Gott um ein besonderes Zeichen zu bitten. Das war unsererseits ein Mangel an Glauben. Wir hätten einfach glauben sollen. Trotzdem erhörte uns Gott wunderbar. Wir baten ihn, uns im Dezember 360 Pfund für verschiedene besondere Nöte zu senden. Der 30. Dezember kam, und es waren nur 200 Pfund eingegangen. Die Zeitschrift mußte am 31. Dezember in Druck gegeben werden. Sollte ich einen Artikel veröffentlichen, daß die fünfzehn Missionare bis zum Juli kommen würden, oder sollte ich es nicht tun? In meinem Gebet sagte ich plötzlich zum Herrn: ‚Wenn du mir nur hundert Pfund senden wirst bis morgen früh elf Uhr, dann will ich das als Zeichen ansehen. Aber wenn du es nicht tust, werde ich den Artikel nicht veröffentlichen.' Es war am nächsten Morgen elf Uhr. Ich hatte die Druckbogen vor mir auf dem Tisch; aber ich hatte keine hundert Pfund. So sagte ich zum Herrn, es tue mir sehr leid, aber unter diesen Umständen müsse ich den Plan mit den fünfzehn fallenlassen und könne den Artikel nicht veröffentlichen. Kaum hatte ich es ausgesprochen, sah ich den Sekretär eilig durch den Garten kommen. Er trat in mein Zimmer und schwenkte etwas in der Hand. Es war ein Scheck aus Schottland über hundert Pfund. Der Artikel erschien.

In den nächsten Monaten entwickelten sich die Dinge schnell. Die ersten drei fuhren ab nach Innerafrika. Dann aber kam die bedeutsame Offenbarung für uns. Die zehn waren für Innerafrika bestimmt gewesen, und wir hatten nichts anderes erwartet, als daß auch die fünfzehn dorthin gehen sollten. Aber durch die Bemerkung eines Freundes wurden uns plötzlich die Augen geöffnet. Wir erkannten, daß Gottes Auftrag an Studd nicht allein Innerafrika, sondern die ganze Welt betroffen habe. Da wurde uns klar, daß auch diese 25 für die ganze Welt bestimmt seien. Nun wachten wir aus unserer Ungewißheit auf. Freilich waren drei Missionare für Innerafrika bestimmt, aber wir hatten ja in den letzten Monaten Meldungen erhalten für vier andere Gebiete, in denen das Evangelium noch nicht verkündigt war: für Kolumbien in Südamerika, für Arabien, für Klein-Tibet und für Spanisch-Guinea in Westafrika. Und nun erst verstanden wir Gottes Plan und Vorsehung: Zehn Missionare sollten nach Innerafrika gehen, in das Land, in dem Studd besonders gearbeitet hatte, und die letzten fünfzehn auf viele Länder verteilt werden. Sie sollten weiterarbeiten an seinem weltweiten Auftrag, das Evangelium zu predigen in allen Gegenden, wo es noch nicht verkündigt worden war. Zwei kamen nach Kolumbien, zwei nach Arabien, zwei nach Spanisch-Guinea, drei nach Klein-

Tibet und noch einer nach Innerafrika. Das waren nun im ganzen dreizehn.

Nun blieben nur noch sechs Wochen. Es fehlten noch zwei Mann an den fünfzehn, und noch 500 Pfund, um sie auszusenden. Der Gebetsbrief für Juni war fällig. Darin berichteten wir, wie es mit der Zahl der auszusendenden Missionare stand. Von dem Gelde, das wir brauchten, erwähnten wir nichts, sondern schrieben nur: ,Gott wird es durchführen. Je weniger Zeit bleibt, desto wunderbarer wird seine Hilfe sein. Seid eins mit uns in Dank und Glauben und Hoffnung, und wartet auf den nächsten Brief, der berichten wird, wie Gott sein Werk zu Ende geführt hat!' Am 15. Juni gingen wir zu unserer Jahreskonferenz im Bibelcollege in Wales. Bei unserer Ankunft auf der Station wurde uns die Nachricht überbracht, daß noch zwei voll ausgebildete junge Männer den Ruf nach Kolumbien erhalten hatten.

So war die Zahl vollständig. Nur die 500 Pfund blieben noch übrig. Am folgenden Tage wies mich der Herr hin auf das Wort: ,So ihr in mir bleibet und meine Worte in euch bleiben, werdet ihr bitten, was ihr wollt, und es wird euch widerfahren.' Gott zeigte mir, daß jeder, der ehrlich bei dieser Bedingung bleibt, auch das Recht hat, von ihm die Erfüllung seiner Verheißung zu beanspruchen. Ich nahm das für mich persönlich in dem Sinne, daß die 500 Pfund noch während der Konferenz eingehen würden.

Der Herr stellt immer wieder den Glauben auf die Probe. Die Prüfung kam am folgenden Tag. Ich wurde gefragt, ob ich kurz nach der Konferenz an einer Gebetsversammlung in Irland teilnehmen wolle. Ich wußte, ich konnte nicht fortgehen, bevor die Aussendung der Fünfzehn völlig geklärt, also auch das Geld eingegangen sei. Darum konnte ich nur unter der Bedingung annehmen, daß die 500 Pfund während der Konferenz kämen. Was sollte ich da sagen? Ich erklärte, ich hoffte, kommen zu können. Aber der Herr sprach zu mir: ,Das ist kein

Glaube. Hoffen heißt nicht glauben.' Ich machte wieder einen Vorbehalt und sagte: ‚Ich werde kommen, wenn der Herr die Hilfe schickt.' Der Herr aber sprach: ‚In Sachen des Glaubens gibt es kein Wenn.' Die Schrift sagt: ‚Der Glaube ist eine gewisse Zuversicht' (Hebr. 11, 1), der Glaubensmann handelt, als ob er das bare Geld schon in der Tasche hätte. So half mir Gott hindurch, und ich sagte: ‚Ja, ich will an der Gebetsversammlung teilnehmen; denn die Erhörung wird noch während der Konferenz kommen.'

Der letzte Tag der Konferenz kam, und wir hatten noch keinen Pfennig. Am nächsten Morgen gingen wir alle auseinander, um nach Hause zurückzukehren. Die Morgenpost brachte fünfzig Pfund für Kolumbien und eine weitere Gabe von zehn Pfund für die fünfzehn. Wir waren dankbar für diese sechzig Pfund; aber von 500 Pfund waren wir noch weit entfernt. Man sagte sich Lebewohl und brach auf, um den Zug nach London zu erreichen. Da stellte sich heraus, daß viel mehr mit diesem Zuge fahren wollten, als man angenommen hatte. Es waren nicht genügend Fahrzeuge vorhanden. Nun wurde ein großes Auto gemietet. Wir stiegen mit den übrigen, die zurückgeblieben waren, ein und fuhren so schnell wie möglich. Auf halbem Wege platzte ein Reifen. Wir sprangen in eine Straßenbahn, kamen aber zu spät. Am Bahnhof angelangt, war der Zug gerade abgefahren. Zehn Minuten brauchten wir, um neue Pläne zu schmieden. Da nahm mich einer von denen, die auch den Zug versäumt hatten, beiseite und fragte mich: ‚Wieviel ist für die fünfzehn eingegangen?' Ich antwortete: ‚Etwa sechzig Pfund.' ‚Gut', sprach er, ‚das ist für mich eine Weisung Gottes. Er hat mir gestern gezeigt, wenn heute noch etwas fehle, solle ich 400 Pfund geben.' Wir verließen die Station, und noch ehe fünf Minuten um waren, berichteten wir einem Freunde von den herrlichen Ereignissen. Dieser ergriff meinen Arm und bemerkte: ‚Da will ich auch noch hundert Pfund geben.' Als wir noch ein paar hundert Meter die Straße hinabgegangen waren, sagte ein anderer Freund: ‚Ich gebe Ihnen dreißig Pfund.' So hatten wir in einer halben Stunde aus fünf verschiedenen Quellen 590 Pfund bekommen, und nicht ein einziger von den Spendern hätte reich genannt werden können. Wir waren wie die Träumenden. Unser Mund war voll Lachens und unsere Zunge voll Rühmens.

Doch diese Tatsache, daß wir die 25 in den in Aussicht genommenen zwei Jahren aussenden konnten (1934 reisten wieder 25 Missionare aus, 1935 waren es sogar 50), ist nur ein Teil des Segens, den Gott ausgegossen hat über die ‚Unbedeutenden', die das Werk weiterführten. Es ist auch nur einer von vielen Beweisen dafür, daß das Geheimnis von Karl Studds Leben nicht darin bestand, daß er eine große Persönlichkeit war, sondern darin, daß der Allmächtige ganz und gar die Herrschaft über ihn ausüben durfte.

Wir haben bereits berichtet, wie Karl und Priscilla Studd ihr eigenes Leben und das ihrer Kinder ganz in die Obhut Gottes gestellt hatten, wie er seine Hand über den vier Töchtern gehalten hatte, wie sie sich alle bekehrten, wie er für ihre Erziehung gesorgt hatte und wie drei von ihnen Männer geheiratet hatten, die sich ganz in den Dienst Christi stellten. Der Mann der Ältesten, Oberst David Munro, war ein tapferer Soldat; er führte im Weltkriege ein Regiment, erwarb verschiedene Auszeichnungen, aber er hatte sich nicht Christus hingegeben. Er und seine Frau kamen zwei Jahre vor Studds Tode aus Rhodesien zurück und lebten vorderhand im Missionshause in Norwood. Allmählich bekam er immer größeres Interesse und nahm für 1931 eine Einladung nach Keswick an. Donnerstag, den 16. Juli, am selben Abend und zu derselben Stunde, da in einer Bambushütte Innerafrikas Karl Studd seinen letzten Atemzug tat, erging in der Zeltmission in Keswick der Ruf, sich Christus zu ergeben, und unter denen, die hinknieten und diesem Rufe folgten, war Karl Studds Schwiegersohn Munro. So war auch das letzte Glied der Familie für Gott gewonnen, und alle acht, die vier Töchter und die vier Schwiegersöhne, waren mit ihrem Vater und ihrer Mutter eins in ihrer Hingabe an Christus." — —

Zum Schluß wenden wir unsern Blick wieder nach Afrika, auf die Missionare und die einheimischen Christen dort, und sehen, wie es ein Jahr nach Bwanas Tode um sie stand. Harrison beschreibt die Verhältnisse dort, und damit soll das Buch schließen. Hat Karl Studd sein Leben am besten angewandt, als er alles verließ und Jesus nachfolgte? Bleibt Gott denen treu, die so handeln? Ist es wahr, wenn jemand sein ganzes Leben unter die Führung des Heiligen Geistes stellt, daß dann Ströme lebendigen Wassers von ihm fließen auf die Welt (Joh. 7, 38. 39)? Ist es wahr, daß ein Leben erst dann die tiefsten Wünsche des Menschen befriedigt und seine höchsten Kräfte zur vollen Entfaltung bringen kann, wenn es ganz aus Gottes Willen gelebt wird? Ist das das einzige Leben, von dem man sagen kann: „Ich habe einen guten Kampf gekämpft"? Dieses Buch gibt die Antwort auf solche Fragen.

Am ersten Jahrestag von Karl Studds Tod wurde eine Eingeborenenkonferenz in Ibambi gehalten. Wenn der Verlust der Begründer der Mission schon in der Heimat schmerzlich empfunden wurde, wieviel mehr auf dem Missionsfeld, da Bwana in den Augen der Eingeborenen alle seine Mitarbeiter weit überragte. Solange Bwana lebte, waren ungefähr 4000 Teilnehmer zu der Konferenz erschienen. Wie viele würden jetzt kommen, wo er nicht mehr da war? Jetzt mußte es sich zeigen, ob er die Menschen an sich gebunden oder ob er sie zu Christus gewiesen hatte. Harrison schreibt:

„Einige sagen: ‚Das Werk ist auf Bwanas einzigartiger Persönlichkeit aufgebaut.' Andere schreiben den Erfolg, den er als Missionar hatte, seiner Herkunft und seinen natürlichen Gaben zu. Andere gehen noch weiter. Sie sagen: ‚Er ist dahin; sein Werk wird auch dahingehen.' Aber was sagt der Herr? ‚Ihre Werke folgen ihnen nach.'

Was haben wir beobachten können? Zusammenbruch? Nein. Rückgang? Ebensowenig. Nur Fortschritt, Vertiefung, Befestigung und reiche Früchte aus dem abgeschlossenen Leben, die sich jetzt erst zeigen. Die Konferenz der Eingeborenen und der Weißen, die wir gerade abgehalten haben, war dafür ein überwältigender Beweis. Tausende und aber Tausende sind gekommen, weit mehr, als wir je sonst gesehen haben. Einige Teilnehmer versichern, es seien 8000 Menschen anwesend gewesen. Aber wenn wir, um jede Übertreibung zu vermeiden, auch nur 7000 annehmen, dann würde das bedeuten, daß doppelt soviel Menschen da waren wie auf irgendeiner früheren Zusammenkunft. Bei einer solchen Mischung von Stämmen und Sippen war zu befürchten, daß keine einheitliche Leitung mehr möglich wäre. Aber Gott sei gepriesen, es war wunderbar, wie der Herr von allem Anfang an eine solche Ruhe und Freude über die Versammlung breitete. Mabari und Mabuda kamen zusammen mit Mazande und Medje, Mangbettu und Mayogo mit Marambo und Malika. Kann man sich so etwas vorstellen? Wahrhaftig, das Evangelium hat alle ihre Stammesvorurteile überwunden. Es war geradezu eine Vorschau auf jenen größeren Tag um den Thron, wo alle Stämme und Nationen ihre Knie beugen werden vor dem Lamm.

Des Herrn Segen war auch mit uns Weißen. Jeden Morgen und jeden Abend, wenn wir uns um Gottes Wort sammelten, spürten wir, daß der Herr bei uns einkehrte. Niemals gab es eine Mißhelligkeit. O wie priesen wir unsern Heiland für das Feuer, das uns so zusammengeschweißt hatte! Am Abend des 16. Juli, am Jahrestag des Heimgangs unseres geliebten Bwana, kamen wir zu einer Zeit der Selbstprüfung vor dem Tische des Herrn zusammen. Wir gedachten des Todes des Herrn und riefen uns die Nacht ins Gedächtnis zurück, in der Bwana von uns gegangen war, und wir fühlten uns verpflichtet, Gott und uns gegenseitig unsere Gelübde zu erneuern. Nie wollten wir uns mit Geringerem zufriedengeben, als was das Wort

Gottes uns sagte. Nie würden wir der Gemeinschaft am Evangelium untreu werden. Nie würden wir nachlassen in unserer Arbeit für die Verkündigung des Evangeliums. Sollten wir in Zukunft weniger Segen haben? Durften wir weniger haben? Würden wir weniger haben? Nein! Denn das Blut des Heilandes wird nie seine Kraft verlieren; sein Geist wird uns immerdar zum Siege führen, und mit Gottes Hilfe werden wir vorwärts schreiten."

Und heute?

Einige unter den Lesern mögen die von Studd gegründete Missionsgesellschaft nicht näher kennen und sich fragen, wie die Geschichte weitergegangen ist und wie es heute um dieses Werk steht.

Um es gleich vorwegzunehmen: Die Zahl der Mitarbeiter ist auf über tausend angewachsen, und die Arbeitsfelder haben sich vervielfacht. Gut sechzig Jahre ist es her, seit Studd 1913 in das innerste Afrika aufbrach und vor seiner Abreise das bedeutsame Wort prägte, das seither zum Motto des Werkes geworden ist:

Wenn Jesus Christus Gott ist und für mich starb, kann mir kein Opfer zu groß sein, es ihm zu bringen.

Die in dem Buch erwähnten Führungen und Gebetserhörungen bilden lediglich den Anfang von unzähligen, menschlich gesehen unmöglichen Ereignissen, die zur Verwirklichung des Zieles führen, das Evangelium überall dort zu verbreiten, wo es noch nicht bekannt ist. Norman Grubb hat sie in seinem Buch „After C. T. Studd" bis zum Jahre 1939 aufgezeichnet. Selbst der zweite Weltkrieg vermochte das dynamische Wachstum der Missionsgesellschaft nicht wesentlich zu beeinträchtigen.

Im *Kongo*, dem ursprünglichen Gebiet, heute Zaire genannt, durfte eine selbständige, einheimische Kirche unter siebzehn Stämmen entstehen. In Ibambi befindet sich eine Bibelschule und eine Druckerei. 1962 entstand in Lowa eine zweite Bibelschule. Es bestehen Kliniken und eine Arbeit unter Aussätzigen.

In *Indien* begann die Arbeit 1962. Die Einreisebeschränkungen führten zum Teil zur Abwanderung von Missionaren in andere Gebiete. Durch geisterfüllte einheimische Evangelisten (z. B. Bakht Singh) sind viele selbständige Gemeinden entstanden. Mit diesen arbeitet ein Teil unserer Mitarbeiter zusammen und fördert sie in der biblischen Erkenntnis. Daneben besteht in Darjeeling ein Zentrum für Bibel-Korrespondenzkurse.

In *Indonesien* ging aus der WEK-Arbeit eine Indonesische Missionsgemeinschaft hervor, in der westliche Missionare neben Indonesiern und Japanern dienen. Sie unterhält Bibelschulen in Batu/Java und Tanjung Enim/Sumatra und ein weitgestecktes Evangelisationsprogramm für die Inselwelt. Die ersten indonesischen Missionare dieser dem WEK verwandten Bewegung haben ihre Dienste in Übersee aufgenommen.

Weitere Missionsgebiete befinden sich in Asien, Afrika und Südamerika. Aber auch Europa hat vom Evangelium noch unerreichte Bevölkerungsgruppen, unter denen WEK-Missionare arbeiten.

Als selbständiger Zweig entstand 1941 der *Christliche Bücher-Kreuzzug,* der heute über dreihundert Mitarbeiter zählt und Bücherzentren in dreißig Ländern unterhält, die auch anderen Missionen und Kirchen dienen.

Ein Zweig, der im Herzen Afrikas entstand, führte zu *ärztlicher Missionsarbeit* in Liberia, Ghana, Portugiesisch Guinea, Gambia, Thailand und in einigen Ländern des Islam. In diesen Gebieten sind Kliniken und Behandlungsplätze eröffnet worden, in denen auch Leprakranke versorgt werden.

In einigen englischsprachigen Ländern besteht eine eigene *Jugendarbeit*, die 1937 gegründet wurde. Zwanzig hauptamtliche Mitarbeiter sind für sie tätig.

Radioarbeit wurde 1960 aufgenommen. Radiostudios befinden sich in England, Indien, Thailand, Indonesien und Ghana. Daneben entfaltet sich auch eine fruchtbare Arbeit mit Tonbandkassetten.

Einem besonderen Bedürfnis entsprechen die *evangelistischen Blätter* „Cedo", „Bientot" und „Soon", die in Afrika und anderen portugiesisch, französisch und englisch sprechenden Gebieten gelesen werden. Ihre Auflagen gehen in die Hunderttausende.

Neben einer Anzahl von Bibelschulen auf den Arbeitsgebieten, unterhält der WEK eigene Ausbildungsstätten in Schottland und Tasmanien. Von zehn verschiedenen Heimatzentren aus werden die Mitarbeiter auf die gemeinsamen Arbeitsfelder ausgesandt. (Die Anschriften der deutschsprachigen Zentren sind am Ende des Buches aufgeführt.) Von den Zeitschriften des Werkes seien nur die in der Schweiz und in Deutschland erscheinenden Blätter „Weltweit" erwähnt.

Diese kurzen Hinweise zeigen, daß Gott die Karl Studd gegebene Verheißung — so utopisch sie bei seiner Ausreise nach Afrika auch schien — in reichem Maße erfüllt und das Werk seines Dieners bestätigt. Jesus beruft weiterhin Menschen zum „Glauben im Angriff".

„Selig sind die Toten, die im Herrn sterben ... denn sie sollen ruhen von ihrer Mühsal; ihre Werke aber folgen ihnen nach" (Offb. 14, 13).

„Und die Weisen werden leuchten wie des Himmels Glanz, und die, welche vielen zur Gerechtigkeit verholfen haben, wie die Sterne immer und ewiglich" (Dan. 12, 3).

INHALT

Heimatzentren im deutschsprachigen Raum:

Schweiz: 8330 Pfäffikon / ZH, Hochstraße 132
Deutschland: 6239 Vockenhausen, Missionshaus